이탈리아어 문장 분석의 이해와 연습

저자 : 이기철

문예림

저자 소개

베네치아 Ca' Foscari 국립대학교에서 이탈리아문학 박사학위를 취득하였다.
논문으로는 '벱페 페놀리오의 작품에 나타난 안개의 이미지', '시칠리아 구비문학에 나타난 기독교', '알레산드로 바리코의 작품에 나타난 바다의 의미' 등이 있으며, 저서로는 『이탈리아어 급하신 분을 위한 표현 백서』, 『해설이 있는 교양 이탈리아어』, 『입에서 톡 이탈리아어』 등이 있다. 옮긴 책으로는 『세계민담전집 : 이탈리아편』, 『미래는 아름다운 날이야』, 『이탈리아 DOC와 DOCG와인 리스트』 등이 있다. 세계 키위 총회, 이탈리아 와인 세미나, 이탈리아 프로디 총리, 세계 헌법재판소장 회의, G20국회의장회의 등의 동시통역과 이탈리아 스칼파로 대통령, 나폴리타노 대통령 국빈 방한 수행 통역을 담당하였다. 현재 서울대학교, 한국외국어대학교, 한국예술종합학교에서 이탈리아어문학과 문학 관련 강의를 담당하고 있다.

이탈리아어 문장 분석의 이해와 연습

초판 인쇄 : 2012년 3월 30일
초판 발행 : 2012년 3월 30일
저　　자 : 이 기 철
발 행 인 : 서 덕 일
발 행 인 : 도서출판 문예림
등　　록 : 1962년 7월 13일 제 2-110호
주　　소 : 서울 광진구 군자동 1-13호 문예하우스 101호
전　　화 : (02)499-1281~2
팩　　스 : (02)499-1283
http : //www.bookmoon.co.kr www.ebs.co.kr
E-mail : book1281@hanmail.net

ISBN 978-89-7482-655-0 (13780)

*저자와 협의에 의해 인지를 생략합니다.

머리말

    이탈리아는 고대 로마 제국의 수도였던 도시인 로마의 존재로 인해 현재에도 유럽 문화의 중심지 역할을 하고 있는 나라이다. 이와 같은 특징과 더불어 이탈리아는 로마 멸망 이후 1861년에 이루어진 이탈리아 통일 시기까지 수많은 독립적인 도시 국가들이 흥망성쇠를 이루었던 지역이다. 이러한 역사로 인해 다양성과 독창성을 지닌 이탈리아는 고대로부터 중세 르네상스를 거쳐 현대에 이르기까지의 모든 유럽 역사를 한 눈에 볼 수 있는 곳이기도 하다.

    이탈리아어는 라틴어에서 파생된 프랑스어, 스페인어, 포르투갈어, 루마니아어와 상당한 유사성을 지니고 있는 언어로 이탈리아를 비롯하여 스위스 일부 지역에서 사용되고 있으며 그 외에 세계 여러 곳에서 제 2 외국어로 학습되고 있는 언어이다. 특히 제 2외국어로 이탈리아어를 학습하는 사람들의 경우를 살펴보면 음악, 미술, 디자인, 패션 등 예술 분야 종사자들이 대부분을 차지하고 있으며, 역사, 미술사, 건축 등의 학문에 관련된 연구가들이 많은 관심을 갖는 언어이기도 하다.

    이 책은 그 동안 이탈리아어를 강의하며 준비했던 자료 중에서 이탈리아어 읽기와 쓰기에 관련된 내용을 정리해서 한 권의 책으로 묶은 것이다. 이 책의 내용을 좀 더 문법적인 측면에서 설명한다면, 음운론, 품사론, 구문론으로 구분되는 세 가지 문법 분야 중에서 문장구조에 관련된 구문론 부분에 해당한다고 할 수 있다. 그러므로 이 책을 통해 독자들은 이탈리아어 문장 구조에 대한 이해로부터 시작하여 문장을 읽고 해석하는 능력과 더불어 우리말을 이탈리아어로 작문하는 쓰기 능력을 향상시킬 수 있을 것이다. 이를 위해 각 문장에 대한 논리적 분석의 실례를 제시하였으며, 독자들이 직접 문장을 분석하고, 해석하며 작문할 수 있도록 다양한 연습 문제와 이에 대한 해답을 제시하였다.

    이 책이 나오기 까지 항상 힘이 되어 준 가족과 관심을 가지고 수업에 참여 했던 제자들에게 감사를 표하며, 출판에 힘써 주신 문예림에 감사드린다. 이 작은 책이 이탈리아어에 관심 있는 모든 분께 조그만 도움이 되길 기대한다.

2012년 푸른 봄날에
이 기 철

목 차

1. 문장의 유형과 순서
(Tipi di frase e ordine delle parole) / 11

   (1) 서술문(Frase dichiarative o enunciativa) / 11
   (2) 부정문(Frase negativa) / 12
   (3) 의문문(Frase interrogativa) / 12
   (4) 명령문(Frase volitiva) / 13
   (5) 감탄문(Frase esclamativa) / 13

2. 문장의 논리적 분석
(Analisi logica del periodo) / 14

2.1. 절(단문)의 논리적 분석
(Analisi logica della proposizione o frase semplice) / 15

   (1). 절(節)의 종류 / 16
   (2). 절(Proposizione)의 요소 / 17
      (2.1) 주어(Soggetto) / 17
      (2.2) 술어(Predicato) / 21

　　　　1) 동사적 술어(Predicato verbale) / 22
　　　　2) 명사적 술어(Predicato nominale) / 23
　(2.3) 속사(Attributo) / 31
　　　　1) 주어의 속사 / 32
　　　　2) 직접 보어의 속사 / 32
　　　　3) 간접 보어의 속사 / 32
　　　　4) 명사부의 속사 / 32
　(2.4). 동격(Apposizione) / 35
　(2.5). 술어적 보어(Complemento predicativo) / 39
　(2.6) 보어(Complementi, 補語) / 41
　　　　1) 직접 보어(Complementi diretti)
　　　　2) 간접 보어(Complementi indiretti)
①. 장소 보어(Complementi di luogo) / 46
②. 시간 보어(Complementi di tempo) / 50
③. 수단 보어(Complementi di mezzo o strumento) / 53
④. 방식/양태 보어(Complementi di modo e maniera) / 55
⑤. 동반 보어(Complementi di compagnia o di unione) / 58
⑥. 관련 보어(Complementi di rapporto) / 60
⑦. 제외 보어(Complementi di esclusione o eccettuativo) / 63
⑧. 원인 보어(Complementi di causa) / 65
⑨. 목적 보어(Complementi di fine o scopo) / 67
⑩. 행위자(동인動因) 보어(Complementi d'agente o di causa efficiente) / 70
⑪. 재료 보어(Complementi di materia) / 73
⑫. 비교 보어(Complementi di paragone) / 75
⑬. 특정화 보어(Complementi di specificazione) / 78
⑭. 대상 보어(Complementi di termine) / 81
⑮. 명명 보어(Complementi di denominazione) / 83
⑯. 첨가 보어(Complementi di aggiunzione) / 86
⑰. 대체 보어(Complementi di sostituzione o scambio) / 88
⑱. 한정 보어(Complementi di limitazione) / 91
⑲. 기원 보어(Complementi di origine o provenienza) / 93
⑳. 나이 보어(Complementi di età) / 96
㉑. 주제 보어(Complementi di argomento) / 98
㉒. 품질 보어(Complementi di qualità) / 100

㉓. 배분 보어(Complementi distributivo) / 102
㉔. 죄/형벌 보어(Complementi di colpa e di pena) / 104
㉕. 풍부/부족 보어(Complementi di abbondanza e di privazione) / 107
㉖. 이익/손해 보어(Complementi di vantaggio e di svantaggio) / 110
㉗. 양보 보어(Complementi concessivo) / 113
㉘. 분리 보어(Complementi di separazione o allontanamento) / 115
㉙. 수량 보어(Complementi di quantità) / 117
㉚. 호격/감탄 보어(Complementi di vocazione e di esclamazione) / 121

2.2. 복문의 논리적 분석
(Analisi logica della frase complessa, Periodo) / 124

(2.2.1) 복문(Periodo, Frase complessa)의 종류 / 124
 1) 등위절(Proposizioni coordinate) / 124
 2) 주절(proposizioni principali) / 125
 3) 종속절(posizioni subordinate) / 125
(2.2.2) 종속절(Proposizioni subordinate)의 종류 / 128

(1). 명사 종속절(Complementari sostantive o dirette) / 129
  (1.2). 목적격 종속절(Proposizioni oggettive) / 132
  (1.3). 설명적 종속절(Proposizioni dichiarative o esplicative) 134
  (1.4). 간접 의문 종속절(Proposizione interrogativa indiretta) / 136
  (1.5). 간접 의심 종속절(Proposizioni dubitative indirette) / 138

(2) 형용사 종속절(Proposizioni aggettive) / 139
  2.1.) 본질적 관계 종속절 Proposizioni relative proprie / 139
  2.2.) 비본질적 관계 종속절 relative Proposizioni improprie / 140

(3) 부사 종속절(Complementari avverbiali o indirette) / 141
  3.1). 원인 종속절(Proposizioni causali) / 142
  3.2). 목적 종속절(Proposizioni finali) / 144
  3.3). 결과 종속절(Proposizioni consecutive) / 146

3.4). 시간 종속절(Proposizioni temporali) / 149
3.5). 양보 종속절(Proposizioni concessive) / 152
3.6). 조건 종속절(Proposizioni condizionali) / 154
3.7). 관계 종속절(Proposizioni relative) / 158
3.8). 양태 종속절(Proposizioni modali) / 162
3.9). 도구 종속절(Proposizioni strumentali) / 164
3.10). 비교 종속절(Proposizioni comparative) / 166
3.11). 반대 종속절(Proposizioni avversative) / 168
3.12). 제외 종속절(Proposizioni esclusive) / 170
3.13). 예외 종속절(Proposizioni eccettuative) / 172
3.14). 제한 종속절(Proposizioni limitative o restrittive) / 174
3.15). 첨가 종속절(Proposizioni aggiuntive) / 176

3. 법과 시제의 일치(Concordanza de modi e dei tempi) / 178

(1). 직설법에서의 시제일치(Concordanza dei tempi del modo indicativo) / 178
  1.1). 주절의 동사가 직설법 현재일 때. / 178
  1.2). 주절의 동사가 직설법 과거(근과거, 원과거, 반과거, 대과거)일 때. / 179
  1.3). 주절의 동사가 직설법 미래일 때. / 180

(2). 접속법에서의 시제일치(Concordanza dei tempi del modo congiuntivo) / 181
  2.1). 주절의 동사가 직설법 현재일 때. / 181
  2.2). 주절의 동사가 직설법 과거일 때. / 182
  2.3). 주절의 동사가 직설법 미래일 때. / 183

* Nota / 185

이탈리아어
문장 분석의 이해와 연습

1. 문장의 유형과 순서
(Tipi di frase e ordine delle parole)

문장의 유형은 서술문, 의문문, 명령문, 감탄문으로 분류한다.
문장의 순서 : 이탈리아어에 있어서 문장의 순서는 문장의 유형에 따라서 일반적으로 다음과 같다.

(1). 서술문(Frase dichiarativa o enunciativa)

선언, 묘사, 이야기 등을 표현하는 문장으로 법은 직설법과 조건법이 사용된다.
서술문에는 평서문과 부정문이 있으며, 문장의 끝에는 마침표를 사용한다.

II.1.1. 평서문

a) 주어(il soggetto)+술어(il predicato)+ [보어(il complemento)]

   Luca ha suonato.
   Luca : 주어/ ha suonato : 술어.
   해석 : Luca는 연주를 했다.

   Luca ha suonato il pianoforte.
   Luca : 주어/ ha suonato : 술어/ il pianoforte : 보어.
   해석 : Luca는 피아노를 연주했다.

b) 술어(il predicato)+주어(il soggetto)+[보어(il complemento)]

   Ha suonato Luca il pianoforte.
   Ha suonato : 술어/ Luca : 주어/ il pianoforte : 보어.
   해석 : Luca는 피아노를 연주했다.

c) 보어+술어+주어

   Ieri è arrivato Paolo.

Ieri : 보어/ è arrivato : 술어/ Paolo : 주어.
해석 : 어제 Paolo가 도착했다.

(2). 부정문(Frase negativa)

부정 부사인 non은 술어(동사) 앞 또는 보어 앞에 위치한다.

Lui non è alto.
Lui : 주어/ non / è alto:술어.
해석 : 그는 키가 크지 않다.

Non ti chiamerò ora.
Non / ti : 보어/ chiamerò : 술어/ ora : 보어.
해석 : 나는 너를 지금 부르지 않을 것이다.

(3). 의문문(Frase interrogativa)

질문을 표현하는 문장이다. 문장에서는 물음표를 통해 의문문이라는 것을 알 수 있으며, 대화에서는 끝부분을 올려주는(↗) 억양을 통해 알 수 있다.
법은 직설법, 조건법, 접속법 혹은 부정사가 사용된다.

a) 주어+술어+보어?

   Tu hai mangiato una mela?
   Tu : 주어/ hai mangiato : 술어/ una mela:보어?
   해석 : 너는 사과를 먹었니?

b) 술어+보어+주어?

   Hai mangiato una mela tu?
   Hai mangiato : 술어/ una mela : 보어/ tu:주어?
   해석 : 너는 사과를 먹었니?

c) 의문부사+술어+주어?

   Che cosa hai mangiato tu?
   Che cosa : 의문부사 hai mangiato : 술어/ tu : 주어?
   해석 : 너는 무엇을 먹었니?

(4). 명령문(Frase volitiva)

명령, 금지 등을 표현하는 문장이다.

법은 명령법, 직설법, 접속법, 부정사가 사용된다.

명령문에서는 주어를 사용하지 않는다. 왜냐하면 상대방에 대해서만 명령을 할 수 있으며, 주어를 사용하지 않더라도 누구나 대상이 상대방(tu 또는 Lei)이라는 것을 알기 때문이다.

술어+보어 : Vieni subito!
해석 : 즉시 와라!

보어+술어+보어 : Mi ascolti bene.
해석 : 이제 내 말을 잘 들어봐.

(5). 감탄문(Frase esclamativa)

감탄을 표현하는 문장으로, 문장에서는 마침표를 사용하여 표현하며, 대화문에서는 아래로(↘) 내려가는 억양을 통해 알 수 있다. 법은 직설법, 부정사, 접속법 혹은 조건법이 사용된다.

a) 감탄부사(come, quanto, che) + 술어 +주어!

　Quanto sei intelligente!

　Quanto : 감탄부사/ sei intelligente : 술어/ (tu)! : 내포 주어.

　해석 : 너는 너무나 똑똑하구나!

b) 감탄형용사+명사!

　Quante bugie!

　Quante : 감탄형용사 / bugie! : 명사.

　해석 : 거짓말을 얼마나 하는지!

2 문장의 논리적 분석
(Analisi logica del periodo)

문장을 분석하는 방식에는 문법적 분석(Analisi grammaticale)과 논리적 분석(구문론적 분석 Analisi logica o sintattica)이 있다. 학습자에게 필요한 것은 논리적 분석이다.

(1). **문법적 분석** : 단어 자체를 품사(관사, 명사, 동사, 형용사 …)를 중심으로 독립적으로 분석하는 것이다.
Il / bambino / gioca / con / un / pallone.
관사   명사   동사   전치사   관사   명사
해석 : 아이가 공을 가지고 놀고 있다.

(2). **논리적 분석** : 문장의 구조와 기능을 이해하기 위하여 단어와 단어 사이의 관계에 따른 분석으로 문장에서의 역할(기능)에 따라 분석하는 것을 말한다. 논리적 분석에는 아래 1)의 경우처럼 '절의 논리적 분석'(Analisi logica della proposizione)과 아래 2)의 경우처럼 한 문장에 존재하는 여러 절의 기능을 분석하는 '문장의 논리적 분석'(Analisi logica del periodo)이 있다.

(2.1) 절의 논리적 분석(Analisi logica della proposizione)
Il bambino gioca con un pallone.
Il bambino:주어/ gioca:술어/ con un pallone : 보어.
해석 : 아이가 공을 가지고 놀고 있다.

(2.2) 문장의 논리적 분석(Analisi logica del periodo)
Il bambino gioca con un pallone, dopo aver preso la merenda.
Il bambino gioca con un pallone : 주절/ dopo aver preso la merenda : 종속절
해석 : 아이가 간식을 먹은 후에 공을 가지고 놀고 있다.

2.1. 절(단문)의 논리적 분석(Analisi logica della proposizione o frase semplice)

절(la proposizione, la frase semplice 節)의 어원은 라틴어 proponere(pro : 앞에, ponere : 놓다) 에서 유래하는데, 그 본래의 의미가 더욱 확대되어 '말하고자 하는 의도를 순서에 맞도록 배열'하여 놓는 것을 의미한다.

각각의 절(節)에는 절을 구성하는 최소한의 **필수 요소**인 '**한 개의 주어**'(un soggetto)와 '**한 개의 술어**'(un predicato)가 반드시 있어야 한다.

이탈리아어의 경우 '**주어**'는 명시될 수도 있고, 생략될 수도 있다. 주어가 될 수 있는 것은 명사, 대명사 등 명사로 사용되는 9가지 품사 모두가 주어가 될 수 있으며, 명사의 가치를 지닌 부정사 (동사원형)와 절(節) 전체도 주어가 될 수 있다.

'**술어**'는 '동사적 술어'와 '명사적 술어'로 구분된다. '동사적 술어'는 '동사 단독으로 문장을 완성'하는 경우를 말한다. '명사적 술어'는 'essere 동사 + 명사 또는 형용사 또는 대명사'의 형태를 지니는 경우이다. 술어는 주어의 성(genere)과 수(numero)에 반드시 일치해야 한다.

각각의 절에는 위에서 언급한 필수적 요소인 주어와 술어 이외에 한 개 또는 그 이상의 부가적인 요소들이 있을 수 있다. 부가적인 요소들은 다음과 같이 크게 세 가지가 있다.

첫째는 '**속사**'(attributi)로써 명사의 의미를 보충해주는 '형용사'를 의미한다. 이 경우 형용사는 명사의 '성'(genere)과 '수'(numero)에 반드시 일치해야 한다.

둘째는 '**동격**'(apposizioni)이다. 동격은 다른 명사의 특징을 더욱 강조하기 위해 사용되는 '명사' 이다.

셋째는 '**보어**'(complementi)이다. 보어는 절에 표현하고자 하는 내용을 더욱 보충하기 위해 사용된다. '보어'는 술어와의 사이에 전치사 없이 직접 연결되는 '**직접 보어**'(complemento diretto), 전치사를 통해 연결되는 '**간접 보어**'(complemento indiretto)가 있다.

위의 내용을 요약하면 다음과 같다.

```
필수적 요소 ┬─ 주어 : 명사, 대명사를 포함한 9가지 품사
         │  (sogg.) 부정사(동사원형)
         │         절(節) 전체
         │
         └─ 술어 : 동사적 술어 : 단 한 개의 동사가 문장을 완성
            (pred.) 명사적 술어 : essere + 명사, 형용사, 대명사
```

```
┌── 속사(attr.) : 형용사
│
├── 동격(appo.) : 명사
│
└── 보어(compl.) : 간접 보어
            직접 보어
```

(1). 절(節)의 종류

주어(soggetto)+술어(predicato)=sintagma(합성체)를 기본단위. 문장(frase, periodo)의 기본 단위
- **단순절**(proposizione semplice) : 하나의 주어 + 하나의 술어로 이루어진 절을 의미한다.
  예 : Mario suona.
  해석 : Mario는 연주를 한다.

- **합성절**(proposizione complessa) : 하나의 주어 + 하나의 술어 이외에 보어, 속사, 동격 등으로 이루어진 절을 의미한다.
  예 : Mario suona il pianoforte in un'orchestra.
  해석 : Mario는 오케스트라에서 피아노를 연주한다.

- **복합절**(proposizione composta) : 둘 이상의 주어, 둘 이상의 술어 또는 둘 이상의 보어 등 한 문장 안에 같은 성격의 요소를 두 개 이상 갖는 절을 의미한다.
  예 : Mario e Paolo suonano. Mario scherza e ride.
  해석 : Mario와 Paolo는 연주를 한다. Mario는 농담을 하고 웃는다.

- **생략절**(proposizione ellittica) : 주어 또는 술어, 경우에 따라서는 주어와 술어가 모두 표면상 생략되어 있는 절을 의미한다.
  (Io) Scrivo una lettera. : 주어 생략.
  해석 : (나는) 편지를 쓴다.

  Chi ha telefonato? Maria (ha telefonato) : 술어 생략.
  해석 : 누가 전화했지? Maria(가 전화했다).

  Chi hai visto? (Io ho visto) Marco : 주어 및 술어 생략.
  해석 : 너는 누구를 보았니? (나는) 마르코(를 보았다).

(2). 절(Proposizione)의 요소

'절(節)'은 행위, 사실, 상황 등의 메시지를 완벽하게 전달하기 위한 인접한 단어의 연속이다. 앞서 잠시 언급했듯이 최소한의 두 가지 기본 요소인 '주어'(soggetto)와 '술어'(predicato)로 구성된다. '절(節)에는 단 하나의 술어, 즉 단 한 개의 동사가 존재한다.

Pietro studia.
Pietro : 주어/ **studia** : 술어.
해석 : **Pietro**가 공부를 한다.

'절'(節)을 기본적으로 구성하는 주어 및 술어 이외에, 경우에 따라서 의미를 더욱 보충하고 상세하게 하기 위해 사용되는 요소가 있다. 이러한 요소를 '보어'(complemento)라고 한다. '보어'는 크게 '직접 보어'와 '간접 보어'가 있다. 위의 문장에 몇 가지 요소를 보충해 보면 다음과 같다.

Ora Pietro studia in biblioteca per l'esame.
Ora : **시간 보어**/ Pietro : 주어/ studia : 술어/ in biblioteca : **간접 보어**
/ in biblioteca : **장소 보어**/ per l'esame : 간접 보어(**목적 보어**)
해석 : 지금 Pietro는 시험을 위해 도서관에서 이탈리아어를 공부한다.

즉, '보어'는 가장 기본적인 절(節)에 다양한 의미를 더욱 보충하는 역할을 한다.

(2.1). 주어(Soggetto)

'주어'는 문장의 필수적인 요소 중의 하나로, 주어를 의미하는 이탈리아어 'soggetto'의 어원은 '밑에 놓다'라는 의미를 지닌 라틴어 subiectum에서 유래한다. 주어는 술어가 나타내는 동작이나 상태의 주체가 되는 요소로, 주어의 인칭(persona)과 수(numero), 또는 성(genere)에 따라 동사의 형태가 결정된다. 주어는 동작을 행할 수도, 당할 수도 있으며, 특성 또는 상태를 나타낼 수도 있다.

Luigi studia.
Luigi : **주어**/ studia : 술어.
(주어 : 동작을 **행하는** 주체).
해석 : Luigi는 공부를 한다.

Marco è interrogato dal maestro.
Marco : **주어**/ è interrogato : 술어/ dal maestro : 보어.

(주어 : 동작을 **당하는** 주체).
해석 : Marco는 선생님으로부터 질문을 받았다.

Anna è stanca.
Anna : 주어/ è brava : 술어
(주어 : 상태 혹은 성질의 **대상**)
해석 : Anna는 피곤하다.

일반적으로 주어에는 '명사'가 사용된다.
하지만 명사 이외의 다른 모든 품사도 주어가 될 수 있다.
La terra(명사) è rotonda.
해석 : 지구는 둥글다.

Il(관사) è un articolo determinativo.
해석 : Il은 정관사이다.

Vivere(동사) è un regalo.
해석 : 산다는 것은 선물이다.

Ciò(대명사) è bello.
해석 : 그것은 아름답다.

Tutti(부정대명사) amano **il bello**(형용사).
해석 : 모든 사람은 아름다움을 사랑한다.

"Oh"(감탄사) esprime dolore o meraviglia.
해석 : Oh는 고통이나 놀라움을 나타낸다.

Il perché(접속사) è chiaro.
해석 : 원인은 분명하다.

"A"(전치사) appare tre volte in questa frase.
해석 : 전치사 'a'는 이 문장에 세 번 나온다.

"Semplicemente"(부사) è un'avverbio.
해석 : '단순하게'는 부사이다.

* 부분 주어(Soggetto partitivo) : 주어로 부분관사(del, dello, della, dei, degli, delle) 혹은 un po' di, alcuni, qualche 등의 표현이 사용되는 경우이다.
  Mi andrebbe bene **del formaggio**. (주어 : del formaggio)
  해석 : 내게는 치즈가 좋을 것 같다.

Alcuni amici sono andati al cinema. (주어 : alcuni amici)
해석 : 몇몇 친구들은 영화를 보러 갔다.

* 주어 내포(Soggetto sottinteso) : 주어는 절에서 생략될 수 있으며, 이러한 경우의 절을 '**주어 내포절**'이라고 한다.
  Ti telefonerò domani. (인칭대명사로 표현되는 경우).
  해석 : (나는) 네게 내일 전화하겠다. (**주어 Io 내포**)

Abbaia perché ha fame. (문장의 내용을 통해 주어를 알 수 있는 경우).
해석 : (개가) 짖는다. 왜냐하면 배가 고프기 때문이다. (**주어 Il cane 내포**)

Aspetta! (명령문의 경우)
해석 : 기다려! (**주어 tu 내포**)

È andata via Anna? Sì, è già andata via. (대답의 주어가 질문의 주어와 동일한 경우)
해석 : Anna는 갔니? 응, (그녀는) 벌써 갔어. (**주어 Anna 내포**)

* 비인칭 동사의 경우는 주어가 존재하지 않는다.
  Piove. 해석 : 비가 온다.
  Nevica : 해석 : 눈이 온다.

* 주어의 위치 : 이탈리아어에서 주어는 일반적으로 문장의 맨 앞에 위치한다.
  Paolo prende un caffè.
  해석 : Paolo는 커피를 마신다.

하지만 경우에 따라 주어는 보어 혹은 동사의 뒤에 위치할 수도 있다.

Domani mattina **Mario** si alzerà presto. (보어 뒤에 위치하는 경우)
해석 : 내일 아침 Mario는 일찍 일어날 것이다.

Te l'ho detto, **io**, che dovevi tornare presto. (주어를 강조하고자 하는 경우)
해석 : 나는 네게 빨리 돌아와야 한다고 말했다.

È arrivata **Luisa**. (자동사와 사용되는 경우)
해석 : Luisa가 도착했다.

Com'è noioso questo **film**! (감탄문의 경우)
해석 : 이 영화는 너무나 지겨워!

Dov'è andato **Paolo**? (의문문의 경우)
해석 : Paolo는 어디에 갔니?

Pago **io**, non tu. (두 번째 주어와 강한 대비를 나타내는 경우)
해석 : 네가 아니라 내가 계산하겠다.

È stato eletto il nuovo **presidente** dell'Italia. (주어를 알 수 있는 수동태 문장의 경우)
해석 : 새로운 이탈리아 대통령이 선출되었다.

문제 1 다음 절에서 주어를 찾고, 우리말로 해석하시오.

1) Il sole illumina la terra.

2) Dov'è tuo figlio?

3) Amare vuol dire aiutare.

4) Chi ha telefonato?

5) Sorge a oriente e tramonta a occidente.

문제 1 정답

1) 주어 : Il sole. 해석 : 태양은 지구를 비춘다.
2) 주어 : tuo figlio. 해석 : 네 아들은 어디에 있니?
3) 주어 : Amare. 해석 : 사랑한다는 것은 돕는 것이다.
4) 주어 : Chi. 해석 : 누가 전화했지?
5) 주어 : Il sole. 해석 : 동쪽에서 떠서 서쪽으로 진다.

문제 2 다음 문장을 이탈리아어로 작문하고, 주어를 표시하시오.

1) 시간은 돈이다.
2) 이 분이 Fabris씨입니다.
3) 관광객들이 도착했다.
4) (너는) 거짓말 하지 마라!
5) 산다는 것은 타인을 위해서 무엇인가를 할 수 있다는 기쁨이다.

문제 2 정답.

1) Il tempo è denaro. 주어 : Il tempo.
2) Questo è il signor Fabris. 주어 : Questo.
3) Sono arrivati dei turisti. 주어 : dei turisti.
4) Non dire le bugie! 주어 : tu.
5) Vivere è la gioia di poter fare qualcosa per gli altri. 주어 : Vivere.

(2.2). 술어(Predicato, 述語)
'술어'는 **문장에서 가장 중요한 요소**로서 한 문장에서 주어의 동작, 성질(품질), 상황 등에 대해 정보를 제공한다. 술어를 의미하는 이탈리아어 'predicato'의 어원은 '선언하다'라는 의미를 지닌 라틴어 praedicatum에서 유래한다. '술어'는 주어의 성과 수에 밀접하게 연관되어 있다. 술어는 앞서 절의 종류에서 보았듯이 주어의 경우와 마찬가지로 문장에 따라 생략될 수도 있다.

Anna **chiama** Maria al telefono.
(술어 chiama : 주어 Anna의 능동적 행위를 표현)
해석 : Anna는 Maria에게 전화를 한다.

Maria è **chiamata** da Anna al telefono.
(술어 è chiamata : 주어 Maria의 수동적 행위를 표현)
해석 : Maria는 Anna로부터 전화를 받는다.

Carla è **buona**.
(술어 è buona : 주어 Carla의 성질을 표현)
해석 : Carla는 착하다.

Roberto è fuori casa.
(술어 : è : 주어 Roberto의 상황을 표현)
Roberto는 집 밖에 있다.

* 술어의 종류
술어에는 두 가지, 즉 '**동사적 술어**'(predicato verbale)와 '**명사적 술어**'(predicato nominale)가 있다.

1). 동사적 술어(Predicato verbale)

동사적 술어로 사용되는 동사는 자동사, 타동사, 재귀동사 등으로 주로 주어의 '동작'이나 '상황'을 나타낸다.

Il treno   **parte.**
주어   **동사적 술어**
해석 : 기차가 출발한다.

위 문장에서 동사 parte는 '단독으로' 주어의 동작을 완벽하게 표현한다. 이와 같은 경우의 동사를 절에서 '동사적 술어'라고 한다. 동사적 술어가 될 수 있는 동사들은 자동사, 타동사, 재귀동사 등이다.

동사적 술어의 예를 몇 가지 더 들어보면 다음과 같다.
Io   studio.
주어 **동사적 술어**
해석 : 나는 공부를 한다.

Il gatto   corre.
   주어   **동사적 술어**
해석 : 고양이가 달린다.

Maria   ha sorriso.
주어   **동사적 술어**
해석 : Maria가 미소를 지었다.

* 조동사(dovere, potere, volere)와 동사가 포함된 관용어구(예 : cominciare a, finire di, stare per 등)는 사용되는 동사와 함께 동사적 술어를 형성한다.

Mario   vuole prendere   un caffè.
주어   동사적 술어   직접 보어
해석 : Mario는 커피를 마시고 싶어한다.

(Io)   Sto per partire   per Roma.
내포 주어   동사적 술어   간접 보어
해석 : 나는 로마로 막 떠나려고 한다.

* 제룬디오, 분사, 부정사도 동사적 술어에 속한다.

Ascoltando la musica, ballo. 음악을 들으며 나는 춤을 춘다.

2). 명사적 술어(Predicato nominale)

명사적 술어는 주어의 성질(품질)을 나타낸다.
일반적으로 '**동사 essere+명사**' 혹은 '**동사 essere+형용사**'의 형태를 취한다.

a) Maria   è italiana.
   주어   **명사적 술어**
  해석 : Maria는 이탈리아인(여자)이다.

b) Il posto   è libero.
   주어   **명사적 술어**
  해석 : 이 자리는 비어있다.

상기한 두 개의 절 a)와 b) 모두에는 동사 essere의 직설법 현재 3인칭 단수 형태인 è가 있다. 하지만 이 경우 동사 è는 단독으로 절을 완성시키지 못한다. 즉 "Il posto è.(그 자리는 ~이다.)"는 의미가 통하지 않는 불완전한 절이다.

완전한 절을 이루기 위해서는 일반적으로 essere 동사에 a)의 경우처럼 '명사' 또는 b)의 경우처럼 '형용사'가 결합되어 술어가 되는데, 이를 동사적 술어와 구분하여 **명사적 술어**라고 한다. 이 때 **동사 essere는** 주어와 essere 동사 다음에 오는 명사 혹은 형용사를 연결해주는 역할을 하기 때문에 **연결어**(혹은 연계어 : copula)라고 부르며, 이와 같은 역할을 해주는 '연결(연계)동사' 중의 하나이다. 이 경우에 동사 essere 다음에 오는 명사 혹은 형용사를 **명사부**(parte nominale) 또는 **술어의 명사**(nome del predicato)라고 부른다. 즉, '**명사적 술어**'는 '**연결어+명사부(술어의 명사)**'로 구성된다.

명사적 술어는 주어의 신분, 성질, 상태를 나타낸다. 이 때 **술어의 일부인 '명사' 또는 '형용사'는 반드시 주어의 성(性)·수(數)와 반드시 일치해야** 한다. 이 사항은 이탈리아어 문법에 있어서 가장 중요한 사항 중의 하나이다. 위의 문장을 살펴보면, 1)의 경우 주어인 Maria가 여성 단수이므로 명사도 여성 단수인 italiana인 것이며, 2)의 경우 주어인 posto가 남성 단수이므로 형용사도 남성 단수형인 libero인 것이다.

Il posto : 주어

è : 연결어 ┐
            ├ 명사적 술어
libero : 명사부(술어의 명사) ┘

'명사적 술어'의 예를 몇 개 더 들어보면 다음과 같다.
Marco è italiano.
Marco : 주어/ è italiano : **명사적 술어**
해석 : Marco는 이탈리아인(남성)이다.

Roberta è italiana.
Roberta : 주어/ è italiana : **명사적 술어**
해석 : Roberta는 이탈리아인(여성)이다.

Marco e Roberta sono italiani.
Marc**o** e Robert**a** : 주어/ sono italian**i** : **명사적 술어**
해석 : Marco와 Roberta는 이탈리아인(남성 복수 또는 남녀)이다.

Anna e Roberta sono italiane.
Anna e Roberta : 주어/ sono italiane : **명사적 술어**
해석 : Anna와 Roberta는 이탈리아인(여성 복수)이다.

* '명사적 술어'는 essere 동사 이외에도 sembrare(~처럼 보이다), divenire, diventare(~이 되다), parere(~처럼 보이다), riuscire(~성공하다), nascere(태어나다), morire(죽다) 등과 같은 동사들에 의해서도 구성될 수 있다. 이러한 동사들을 **'연결 동사'**(혹은 연계 동사 : copulativi)라고 하는데, 이 동사들은 essere 동사와 마찬가지로 주어와의 연결 역할을 함과 동시에 자체적인 의미를 지닌다. 이 경우에 연결 동사 뒤에 오는 명사 혹은 형용사를 '주어의 술어보어(complemento predicativo di soggetto)'라고 부른다.

L'esercizio **sembra** facile.
해석 : 연습문제는 쉬워 보인다.

L'esercizio : 주어
sembra : 연결 동사 ──┐
　　　　　　　　　　　　├ **명사적 술어**
facile : 주어의 술어보어 ──┘

Mario è nato povero.
해석 : Mario는 가난하게 태어났다.

Mario : 주어
è nato : 연결 동사 ──┐
　　　　　　　　　　　　├ **명사적 술어**
povero : 주어의 술어보어 ──┘

* 동사 **essere**의 기능
동사 **essere**는 연계어 뿐만 아니라 동사적 술어와 보조 동사로도 사용된다.
1) 동사적 술어 : 동사 essere가 "존재하다(esistere), 위치하다(trovarsi), 속하다(appartenere)"라는 의미로 사용될 경우에는 **동사적 술어**(predicato verbale)이다. 그러므로 문장에서 **동사 essere**가 **항상 연결어(연계어)로 사용되지 않는다**는 점에 주의해야 한다.

C'è una sorpresa.
C'è : **동사적 술어**(=esiste)/ una sorpresa : 주어
해석 : 놀라운 일이 있다.

Le stelle sono in cielo.
Le stelle : 주어/ **sono** : **동사적 술어**(=si trovano, stanno)/ in cielo : 장소 보어(간접 보어 참고
      -> p.46)
해석 : 별들은 하늘에 있다.

La penna è di Marco.
La penna : 주어/ **è** : **동사적 술어**(= appartiene a)
/ di Marco : 특정화 보어(간접 보어 참고 -> p.77)
해석 : 펜은 Marco의 것이다.

2) 보조 동사 : **동사 essere**는 **복합시제**(직설법 근과거, 직설법 대과거, 조건법 과거, 접속법 과거 등)의 경우에 다른 동사의 과거분사와 같이 사용되어 **보조적(ausiliare) 기능**을 한다. 이 경우에 동사 essere는 **동사적 술어의 일부분**이 된다.

È tornata la primavera.
È tornata : **동사적 술어**/ la primavera : 주어
해석 : 봄이 다시 왔다.

Paola fu premiata dal maestro.
Paola : 주어/ **fu premiata** : **동사적 술어**/ dal maestro : 행위자 보어(간접 보어 참고 -> p.70)
해석 : Paola는 선생님으로부터 상을 받았다.

* 동사 essere로 연결된 술어의 경우 **문장의 의미에 따라** '**동사적 술어**' 혹은 '**명사적 술어**'로 분석될 수 있다.

La porta è aperta.
La porta : 주어/ **è aperta** : **명사적 술어**
해석 : 문이 열려있다.

이 경우에 **aperta**는 형용사로, 문이 열려있는 상태를 나타낸다. 그러므로 위 문장에서 La porta는 주어, è aperta는 명사적 술어이며, 동사 essere는 연결어로, aperta는 명사부(술어의 명사)로 사용되었다.

    La porta è aperta dal vento.
    La porta : 주어/ **è aperta : 동사적 술어**/ dal vento : 행위자 보어(간접 보어 참고 -> p.70)
    해석 : 바람에 의해 문이 열렸다.

이 경우에 **aperta는 과거분사**로 사용되어, 바람에 의해 문이 열리는 수동의 의미를 나타낸다. 그러므로 위 문장에서 La porta는 주어, è aperta는 동사적 술어, dal vento는 보어이다.

3. 동사 essere의 기능

동사 essere는 문장에 따라 다음과 같은 **3가지 기능**을 한다.

1) **연결어(copula) 기능** : 절(prop.)의 주어를 명사, 형용사, 대명사 등과 연결한다. 이 경우는 명사적 술어의 일부이다.
   예) Mario è studente. Mario는 학생이다.

2) **동사적 술어(predicato verbale) 기능** : essere 동사가 "있다(esistere), 위치하다(trovarsi), 속하다(appartenere)" 등의 의미로 사용될 때이다. 이 경우에는 보통 essere 동사 다음에 a, da, in 등의 전치사가 오거나, essere 동사 앞에 ci, vi가 선행한다. 또는 vivere, stare, rimanere, essersi recato, abitare의 의미로 사용될 경우이다.
   예) Dio è. 하느님은 존재한다.(è : = esistere)

3) **보조동사(verbo ausiliare) 기능** : 과거분사(participio passato)와 결합하여 복합시제를 만드는 역할을 한다. 이 경우 **과거분사의 형태는 주어의 성수에 반드시 일치**시켜야 하며, 동사적 술어의 일부이다.
   예) Ieri Maria è **arrivata** a Roma. Maria는 어제 로마에 도착했다.

위의 내용을 요약하면 다음과 같다.

Essere 동사의 기능
- 1) 연결어 : essere + 명사, 형용사, 대명사. 명사적 술어의 일부임.
- 2) 동사적 술어 : essere 동사가 esistere, vivere, stare, rimanere, trovarsi, essersi recato, abitare, appartenere 등의 의미로 사용될 때. 이 경우 주로 essere + a, da, in... 또는 ci, vi + essere 형태를 취함.
- 3) 보조동사 : essere + 과거분사. 복합시제 형성. 이 경우 과거분사의 형태는 반드시 주어의 성수와 일치해야 하며, 동사적 술어의 일부임.

문제 1 다음 문장에서 술어를 찾아 표시하고, 우리말로 해석하시오.

1) Questo posto è occupato.
2) Ho un posto vicino alla porta.
3) Maria è simpatica.
4) Roberto prende un caffè.
5) Posso aprire un momento il finestrino?

문제 1 정답

1) 술어 : è occupato. 해석 : 이 자리는 사람이 있다.
2) 술어 : Ho. 해석 : 나는 문 가까이에 자리를 잡았다.
3) 술어 : è simpatica. 해석 : Maria는 마음씨가 좋다.
4) 술어 : prende. Roberto는 커피를 마신다.
5) 술어 : posso aprire. 잠깐 창문을 열어도 될까요?

문제 2 다음 문장에서 술어를 찾아 동사적 술어인지 명사적 술어인지 표시하고, 우리말로 해석하시오.

1) Sono coreano(a).
2) Hai sentito quel grido?

3) Il signor Fabris è al finestrino.
4) Il libro è di Marco.
5) Non c'è dubbio.

문제 2 정답

1) Sono coreano(a). 명사적 술어.
   해석 : 나는 한국인이다(남자 : coreano / 여자 : coreana).
2) Hai sentito. 동사적 술어.
   해석 : 너는 저 고함소리를 들었니?
3) è. 동사적 술어(= trovarsi).
   해석 : Fabris씨는 창가에 있습니다.
4) è. 동사적 술어(= appartenere).
   해석 : 그 책은 Marco의 것이다.
5) c'è. 동사적 술어.
   해석 : 의심할 바가 없다.

문제 3 다음 절에서 essere 동사의 기능(연결어, 보조동사, 동사적 술어)을 구분하여 표시하시고, 우리말로 해석하시오.

1) La rosa è regina dei fiori.
2) Non c'è rosa senza spine.
3) Dove sono i miei occhiali?
4) Maria è andata a casa.
5) Il pericolo è passato.

문제 3 정답

1) 연결어. 해석 : 장미는 꽃 중의 왕비다.
2) 동사적 술어. 해석 : 가시 없는 장미는 없다.
3) 동사적 술어. 해석 : 내 안경이 어디에 있지?
4) 보조 동사. 해석 : Maria는 집에 갔다.

5) 보조 동사. 해석 : 위험은 지나갔다.

문제 4 : 다음 문장을 논리적으로 분석하고, 우리말로 해석하시오.

1) Marco pare contento.
2) Guardo la TV.
3) Il cielo è sereno.
4) Questo è Mario.
5) Le parole volano, gli scritti rimangono.

문제 4 정답

1) Marco : 주어/ pare contento : 명사적 술어(pare : 연결어, contento : 명사부)
   해석 : 마르코는 만족해 보인다.
2) (Io) : 내포 주어/ Guardo : 동사적 술어/ la TV : 직접 보어
   해석 : 나는 TV를 본다.
3) Il cielo : 주어/ è sereno : 명사적 술어(è : 연결어, sereno : 명사부)
   해석 : 하늘은 맑다.
4) Questo : 주어/ è Mario : 명사적 술어(è : 연결어, Mario : 명사부)
   해석 : 이 사람은 Mario이다.
5) Le parole : 주어/ volano : 동사적 술어/ gli scritti : 주어/ rimangono : 동사적 술어.
   해석 : 말은 사라지고, 글은 남는다.

문제 5 다음 문장을 이탈리아어로 작문하시오.

1) 이것은 나의 집이다.(집 : casa)
2) Anna는 아름다운 여인이다.(여인 : donna)
3) 수업은 재미있다.(수업 : la lezione, 재미있는 : interessante)
4) 태양은 지구를 따뜻하게 한다.(따뜻하게 하다 : riscaldare)
5) 학생들은 이탈리아어를 공부한다.(이탈리아어 : l'italiano 또는 la lingua italiana)

문제 5 정답

1) Questa è la mia casa.
2) Anna è una bella donna.
3) La lezione è interessante.
4) Il sole riscalda la terra.
5) Gli studenti studiano l'italiano.

(2.3). 속사(Attributo)
앞서 보았듯이 절을 구성하는 최소 요소는 주어와 술어이다. 필요에 따라 문장의 의미를 풍부하게 하기 위해 속사(attributi), 동격(apposizioni), 보어(complemento) 등을 사용할 수 있다.

> La musica è l'arte **perfetta**.
>
> La musica : 주어
> è l'arte : 명사적 술어
> **perfetta** : **명사적 술어의 속사**
> 해석 : 음악은 완벽한 예술이다.

위의 예에서 보듯이 **속사**란 명사 또는 다른 품사들과 결합하는 **형용사**로 주어나 보어가 되는 명사에 특성과 성질 부여한다.

'**속사**'는 **명사와 같이 사용**하며 명사의 역할에 따라 속사의 역할도 분류된다. 그러므로 주어를 수식하는 형용사는 '**주어의 속사**', 직접 보어를 수식하는 형용사는 '**직접 보어의 속사**', 간접 보어를 수식하는 형용사는 '**간접 보어의 속사**', 명사적 술어를 수식하는 형용사는 '**명사적 술어의 속사**' 기능을 한다.

속사의 역할을 하는 형용사는 묘사적 기능과 변별적 기능을 한다.
a) 묘사적 기능(funzione descrittiva) : 형용사 생략 가능.
   La **bella** signorina è sul **comodo** divano.
   해석 : 아름다운 아가씨가 편안한 소파에 앉아있다.

b) 변별적 기능(funzione distintiva) : 형용사 생략 불가능.
L'assassino indossava un cappello **nero**.
해석 : 살인자는 검은 모자를 쓰고 있었다.

주어, 명사적 술어, 보어는 한 개 이상의 속사를 가질 수 있으며, **모든 형용사는 속사의 역할**을 할 수 있다. **속사는 명사와 성수를 일치**시켜야 한다.

속사의 분류
1) 주어의 속사
Tutti gli spettatori applaudirono.
Tutti : 주어의 속사/ gli spettatori : 주어/ applaudirono : 동사적 술어
해석 : 모든 관객이 박수를 친다.

2) 직접 보어의 속사
Abbiamo bevuto un vino **ottimo**.
(Noi) : 내포 주어/ Abbiamo bevuto : 동사적 술어/ un vino : 직접 보어/ **ottimo : 직접 보어의 속사**.
해석 : 우리는 최고 좋은 포도주를 마셨다.

3) 간접 보어의 속사
Maria arriva alla stazione **centrale**.
Maria; 주어/ arriva : 동사적 술어/ alla stazione : 간접 보어/ **centrale : 간접 보어의 속사**.
해석 : Maria는 중앙역에 도착한다.

4) 명사부의 속사
Laura è una **bella** ragazza.
Laura : 주어/ è una ragazza : 명사적 술어(è : 연결어, una ragazza : 명사부)/ **bella : 명사부의 속사**.
해석 : 라우라는 예쁜 소녀이다.

* 다음과 같은 경우는 동일한 단어일지라도 문장에서 어느 곳에 위치하느냐에 따라 의미가 달라진다.

Il figlio **malato** è tornato a casa.

Il figlio : 주어/ malato : **주어의 속사**/ è tornato : 동사적 술어/ a casa : 장소 보어
해석 : **아픈 아들이** 집에 돌아왔다.

Il figlio è tornato a casa **malato.**
Il figlio : 주어/ è tornato : 동사적 술어/ a casa : 장소 보어
/ malato : **주어의 술어적 보어**
해석 : 아들이 **아파서** 집에 돌아왔다.

* 주어의 술어적 보어(complemento predicativo del soggetto)는 동사 뒤에 사용되어 동사적 술어의 의미를 변화시킨다.

문제 1 다음 문장에서 속사를 찾아 표시하고, 우리말로 해석하시오.

1) Laura è una ragazza simpatica.
2) A Roma ci sono numerosi gatti.
3) Romolo è il primo re di Roma.
4) Un buon libro è un buon amico.
5) Il parlamento prepara alcuni nuovi disegni di legge.

문제 1 정답

1) 속사 : simpatica. 해석 : 라우라는 마음씨 좋은 소녀이다.
2) 속사 : numerosi. 해석 : 로마에는 수많은 고양이가 있다.
3) 속사 : primo. 해석 : Romolo는 로마 최초의 왕이다.
4) 속사 : buon / buon. 해석 : 좋은 책은 좋은 친구다.
5) 속사 : alcuni nuovi. 해석 : 국회는 몇몇 새로운 법령을 준비하고 있다.

문제 2 다음 문장에서 속사를 찾아 그 기능을 표시하고, 우리말로 해석하시오.

1) Ho comprato tre libri.
2) Quella ragazza è una mia amica.

3) Venezia è una citta stupenda.
4) Ferrari è una macchina famosa.
5) Mio fratello ha scritto una bella poesia.

문제 2 정답

1) tre : 직접 보어의 속사. 해석 : 나는 책 세 권을 구입했다.
2) Quella : 주어의 속사/ mia : 명사부의 속사. 해석 : 저 소녀는 내 여자 친구다.
3) stupenda : 명사부의 속사. 해석 : Venezia는 멋있는 도시이다.
4) famosa : 명사부의 속사. 해석 : 페라리는 유명한 자동차이다.
5) Mio : 주어의 속사/ bella : 직접 보어의 속사. 해석 : 나의 형은 아름다운 시를 썼다.

문제 3   다음 문장을 논리적으로 분석하고, 우리말로 해석하시오.

1) Il mio amico è simpatico.
2) Il traffico caotico provoca lo stress.
3) Il leopardo è un animale feroce.
4) La sua è una casa spaziosa.
5) Un gatto nero ha attraversato la strada.

문제 3 정답

1) l'amico : 주어/ mio : 주어의 속사/ è simpatico : 명사적 술어(è : 연결어/ simpatico : 명사부).
   해석 : 내 남자 친구는 마음씨가 좋다.
2) Il traffico : 주어/ caotico : 주어의 속사/ provoca : 동사적 술어/ lo stress : 직접 보어.
   해석 : 혼란스러운 교통 체증은 스트레스를 유발시킨다.
3) Il leopardo : 주어/ è un animale : 명사적 술어(è : 연결어/ un animale : 명사부)/ feroce : 명사부의 속사.
   해석 : 표범은 사나운 동물이다.
4) La (casa) : 주어/ sua : 주어의 속사/ è una casa : 명사적 술어(è : 연결어, una casa : 명사부)/ spaziosa : 명사부의 속사.
   해석 : 그의 집은 넓은 집이다.

5) Un gatto : 주어/ nero : 주어의 속사/ ha attraversato : 동사적 술어/ la strada : 직접 보어.
해석 : 검은 고양이가 길을 건너갔다.

문제 4 다음 문장을 속사를 사용하여 이탈리아어로 작문하시오.

1) 나는 따뜻한 카푸치노를 마신다.(~을/를 마시다 : prendere)
2) 착한 아이들은 부모님을 사랑한다.(착한 : buono / ~을/를 사랑하다 : amare)
3) 개는 영리한 동물이다.(개 : il cane / 영리한 : intelligente)
4) 아름다운 한국은 우리의 조국이다.(조국 : patria)
5) 이탈리아어는 쉬운 언어이다.(이탈리아어 : l'italiano 혹은 la lingua italiana)

문제 4 정답

1) Io prendo un cappuccino caldo.
2) I ragazzi buoni amano i genitori.
3) Il cane è un animale intelligente.
4) La Corea bella è la nostra patria.
5) L'italiano è una lingua facile.

(2.4). 동격(Apposizione)

> Il professore Paolo è ritornato allo studio.
>
> **Il professore** : 주어의 동격
> Paolo : 주어
> è ritornato : 동사적 술어
> allo studio : 간접 보어(장소 보어)
> 해석 : Paolo 교수는 연구실로 돌아왔다.

위의 예에서 보듯이 **동격**은 명사를 더욱 정확히 표현하기 위해 혹은 특성을 부여하기 위해 첨부하는 **또 다른 명사**를 의미한다. 동격이라는 의미는 라틴어 adponĕre(=mettere vicino 가까이에 놓다)에서 유래한다. **동격**도 속사의 경우와 마찬가지로 수식하는 **명사의 성수와 일치해야** 한다.

동격은 일반적으로 '**명사**'로 구성되나, 명사와 더불어 형용사, 보어가 함께 사용되어 구성되는 경우도 있다.

예:
Il **giovane** Mario è andato a Roma.
giovane : 속사(형용사).
해석 : 젊은 Mario는 로마에 갔다.

Mario, **il giovane,** è andato a Roma.
il giovane : 동격(명사).
해석 : 젊은이인 Mario는 로마에 갔다.

(1). 동격의 형태

동격은 **위치에 따라** '단순 동격'과 '복합 동격'으로 구분한다.

(a) **단순동격**(l'apposizione semplice) : 단순 동격은 주로 **명사 '앞'**에 위치하며, **한 개의 명사**로 이루어진다.

Il vulcano Etna è attivo.
Il vulcano : 주어의 동격
Etna : 주어/ è attivo : 명사적 술어(è : 연결어, attivo : 명사부)
해석 : Etna 화산은 살아있다.

Il vigile ha multato il signor Rossi.
Il viglile : 주어/ ha multato : 동사적 술어/ **il signor : 직접 보어의 동격**
/ Rossi : 직접 보어
해석 : 교통경찰은 Rossi씨에게 벌금을 부과했다.

(b) **복합동격**(l'apposizione composta) : 복합 동격은 주로 **명사 '뒤'에 위치**하며 **한 개 이상의 명사** 또는 한정 보어 di로 이루어진다. 동격이 긴 경우에 주로 사용한다.

Francesca, la ragazza del piano di sopra, studia il flauto.
Francesca : 주어/ **la ragazza bionda del piano di sopra : 주어의 동격**
/ studia : 동사적 술어/ il flauto : 직접 보어
해석 : 위층에 사는 금발의 Francesca는 플루트를 공부한다.

(2). 동격의 성수일치

Luciano Pavarotti, il famoso tenore italiano, è noto in Corea.
Luciano Pavarotti : 주어/ **il famoso tenore italiano : 주어의 동격**/ è noto : 명사적 술어(è : 연결어, noto : 명사부)/ in Corea : 간접 보어(장소 보어)
해석 : 유명한 이탈리아 테너인 Luciano Pavarotti는 한국에 알려져 있다.

Laura Pausini, la famosa cantante italiana, è nota in Corea.
Laura Pausini : 주어/ **la famosa cantante italiana : 주어의 동격**/ è nota : 명사적 술어(è : 연결어, noto : 명사부)/ in Corea : 간접 보어(장소 보어)
해석 : 유명한 여가수 Laura Pausini는 한국에 알려져 있다.

문제 1 다음에서 동격을 찾아 그 기능을 구분하여 표시하시오.

1. Roma, la capitale d'Italia, è ricchissima di monumenti.
2. Dante scrisse *la Divina commedia*, il capolavoro della lingua italiana.
3. Dante, sommo poeta, nacque a Firenze nel 1265.
4. Il monte Everest è il più alto del mondo.
5. Gli studenti andranno a Parigi, capitale della Francia.

문제 1 정답

1) la capitale d'Italia. 주어의 동격.
   해석 : 이탈리아의 수도인 로마는 유물이 매우 풍부하다.
2) il capolavoro della lingua italiana. 직접 보어의 동격.
   해석 : Dante는 이탈리아어의 걸작인 『신곡』을 저술했다.
3) sommo poeta. 주어의 동격.
   해석 : 최고의 시인인 Dante는 1265년에 피렌체에서 출생했다.
4) Il monte : 주어의 동격.
   해석 : 에베레스트산은 세계에서 가장 높은 산이다.
5) capitale. 간접 보어의 동격.
   해석 : 학생들은 프랑스의 수도인 파리에 갈 것이다.

문제 2] 다음 문장을 <u>논리적으로 분석</u>하시오.

1) Era italiano il grande compositore Giuseppe Verdi.
2) Mia sorella, da bambina, era timida.
3) Ieri ho incontrato il professor Kim.
4) Il Palazzo Chigi, residenza del presidente italiano, è a Roma.
5) Francesco, il noto santo di Assisi, naque ricco ma visse povero.

문제 2 정답

1) Era italiano : 명사적 술어/ grande : 주어의 속사/ il compositore : 주어의 동격 /Giuseppe Verdi : 주어.
   해석 : 위대한 작곡가인 쥬셉빼 베르디는 이탈리아인이었다.
2) Mia sorella : 주어/ da bambina : 속사/ era timida : 명사적 술어(era : 연결어, timida : 명사부).
   해석 : 내 여동생은 어릴 때부터 부끄러움을 탔다.
3) Ieri : 시간 보어/ (io) : 내포 주어/ ho incontrato : 동사적 술어/ il professor : 직접 보어의 동격 /Kim : 직접 보어.
   해석 : 나는 어제 김 교수를 만났다.
4) Il Palazzo Chigi : 주어/ residenza : 주어의 동격/ del presidente : 간접 보어(특정화 보어) /italiano : 간접 보어(특정화 보어)의 속사/ è : 동사적 술어/ a Roma : 간접 보어(장소 보어).
   해석 : 이탈리아 대통령의 거주지인 Chigi 궁은 로마에 있다.
5) Francesco : 주어/ noto : 주어의 동격의 속사/ il santo : 주어의 동격/ di Assisi : nacque : 동사적 술어/ ricco : 주어의 술어적 보어/ visse : 동사적 술어/ povero : 주어의 술어적 보어.
   해석 : 아시시의 유명한 성인인 Francesco는 부유하게 태어났지만 가난하게 살았다.

문제 3] 다음 문장을 <u>동격</u>을 사용하여 <u>이탈리아어로 작문</u>하시오.

1) Nero 황제는 잔인했다.
2) 에베레스트 산은 세계에서 가장 높다.
3) 시인 Dante는 Firenze 사람이었다.
4) 학생들은 이탈리아의 수도인 로마에 갈 것이다.
5) 그리스 철학자인 플라톤(Platone)은 소크라테스(Socrate)의 제자이며 친구였다.

> 문제 3 정답

1) L'imperatore Nerone era crudele.
2) Il monte Everest è il più alto del mondo.
3) Il poeta Dante era fiorentino.
4) Gli studenti andranno a Roma, capitale dell'Italia.
5) Il filosofo Platone fu allievo e amico di Socrate.

(2.5). 술어적 보어(Complemento predicativo)
술어적 보어는 동사의 의미를 완성하거나 정확히 하기 위해 사용된다. 술어적 보어는 명사 혹은 형용사로 구성되며, 주어 혹은 목적보어를 수식한다.

1) 주어의 술어적 보어(주격 서술어 Complemento predicativo del soggetto)
주어를 수식하기 때문에 주어의 술어적 보어라고 부르며, **주어와 성수가 일치되어야** 한다. 이와 같은 보어는 다음과 같은 몇몇 동사의 경우에 발견된다.

* 연결동사의 경우.
<u>Paola</u>   mi   sembra   <u>guarita</u>.
주어   **주어의 술어적 보어**
해석 : 내가 볼 때 Paola는 회복되었다.

<u>Mario</u>   mi   sembra   <u>guarito</u>.
주어   **주어의 술어적 보어**
해석 : 내가 볼 때 Mario는 회복되었다.

* 선출의 의미를 지닌 동사(eleggere, nominare 등), 호출의 의미를 지닌 동사(chiamare, dire 등), 평가의 의미를 지닌 동사(ritenere, considerare 등)가 **수동 형태**로 사용될 경우.
<u>Luigi</u>   <u>fu eletto</u>   <u>capoclasse.</u>
주어   동사적 술어   **주어의 술어적 보어**
해석 : Luigi는 반장으로 선출되었다.

* 자동사가 동사적 술어로 사용된 경우. 이 경우에 술어적 보어는 필수적인 요소가 아니라 부수적인 요소이다.

Il bambino   dorme   **tranquillo**.
　주어　　동사적 술어　**주어의 술어적 보어**

해석 : 아이가 곤히 잠을 잔다.

2) 목적어의 술어적 보어(목적격 서술어 Complemento predicativo dell'oggetto) :
목적 보어를 수식하기 때문에 목적어의 술어적 보어라고 부르며, 목적 보어와 성수가 일치되어야 한다.

* 선출의 의미를 지닌 동사(eleggere, nominare 등), 호출의 의미를 지닌 동사(chiamare, dire 등), 평가의 의미를 지닌 동사(ritenere, considerare 등)가 **능동 형태**로 사용될 경우.

I compagni   hanno eletto   Luigi   **capoclasse.**
　주어　　동사적 술어　목적 보어 **목적어의 술어적 보어**

* 타동사의 경우.
Lo stress rende **Maria nervosa**.
해석 : 스트레스가 Maria를 긴장하게 만들었다.

문제 1 다음 문장에서 술어적 보어를 찾아 표시하고, 우리말로 해석하시오.

1) Anna è nata ricca.
2) Paolo è arrivato ultimo.
3) Il bambino cresce sano.
4) I compagni giudicano Mario diligente.
5) Il popolo romano elesse Roberto console.

문제 1 정답

1) ricca. 주어의 술어적 보어. 해석 : Anna는 부유하게 태어났다.
2) ultimo. 주어의 술어적 보어. 해석 : Paolo는 마지막으로 도착했다.
3) sano. 주어의 술어적 보어. 해석 : 아이는 건강하게 자란다.
4) diligente. 목적어의 술어적 보어. 해석 : 동료들은 Mario가 부지런하다고 판단한다.
5) console. 목적어의 술어적 보어. 해석 : 로마인들은 Roberto를 집정관으로 선출했다.

문제 2   다음 문장을 술어적 보어를 사용하여 이탈리아어로 작문하시오.

1) 비평가들은 이 영화를 걸작으로 여긴다.
2) Paolo는 Anna를 아내로 맞이했다.
3) 그 은행은 Mario를 매니저 자격으로 고용했다.
4) Mussolini는 독재자로 선출되었다.
5) 노동자들은 Mario를 대표로 선출했다.

문제 2 정답

1) I critici considerano questo film un capolavoro.
2) Paolo ha preso Anna in moglie.
3) La banca ha assunto Mario in qualità di direttore.
4) Mussolini fu eletto dittatore.
5) Gli operai hanno eletto Mario rappresentante.

(2.6) 보어(Complementi, 補語)
보어는 주어와 술어로 구성된 문장에 여러 정보를 첨가하여 문장의 의미를 **보충시켜주는 역할**을 하는 요소이다.

In giardino, Paolo scrive una lettera di auguri a Laura.
In giardino : 간접 보어(장소보어)/ Paolo : 주어/ scrive : 술어/ **una lettera** : 직접 보어
/ **di auguri** : 간접 보어(특정화 보어)/ **a Laura** : 간접 보어(대상 보어)
해석 : Paolo는 정원에서 Laura에게 축하 편지를 쓴다.

* 보어(補語)의 종류
(1) **직접 보어**(complementi diretti o oggetti) : 전치사 없이 직접 동사와 연결되며, '직접 목적 보어'라고도 한다.
(2) **간접 보어**(complementi indiretti) : 전치사 혹은 전치사관사를 통해서 동사와 연결된다.

1). 직접 보어(Complementi diretti o oggetti)
직접 보어는 전치사 없이 직접 동사와 연결되는 보어로, **타동사**만이 직접 보어를 가질 수 있다.

Maria suona il pianoforte.
Maria : 주어/ suona : 동사적 술어/ **il pianoforte** : **직접 보어**
해석 : Maria는 피아노를 연주한다.

위 문장에서 주어는 Maria, 술어는 suona(~을/를 연주하다)이다. 위 문장을 'Maria suona'라고 표현해도 충분하다. 그러나 Maria가 연주하는 악기가 어떤 악기인지 구체적으로 'il pianoforte'를 보충함으로써 더욱 구체적인 의미를 나타낼 수 있다. 이처럼 문장에 더 많은 정보를 제공하기 위하여 **보충하는 말**을 '**보어(補語)**'라고 한다.

직접 보어는 술어에 의해 표현된 행동에 직접적으로 영향을 받는 대상(사람, 동물, 사물)을 지시한다. 위 문장의 경우 보어인 il pianoforte는 **전치사 없이 술어에 직접 연결**되기 때문에 '**직접 보어**'이다.

직접 보어가 사용되는 경우는 "누구를?(Chi?)", "무엇을?(Che cosa?)"에 대한 답변이다. 그러므로 타동사만이 '직접 보어'를 취할 수 있다.

Studio l'italiano.
(Io) : 내포 주어/ Studio : 동사적 술어/ **l'italiano** : **직접 보어**
해석 : 나는 **이탈리아어를** 공부한다.
(질문 : **너는 무엇을** 공부하니?)

Mario ha comprato una penna.
Mario : 주어/ ha comprato : 동사적 술어/ **una penna** : **직접 보어**
해석 : Mario는 펜을 구입했다.
(질문 : **Mario는 무엇을** 구입했니?)

* 직접 보어의 특징
1) 명사뿐만 아니라 명사적 기능으로 사용된 모든 품사는 직접 보어가 될 수 있으며, 관사 또는 형용사와 함께 사용될 수도 있다.

Devi scrivere **il** non **un.**(관사)
해석 : 너는 un이 아니라 il을 적어야 한다.

Gli artisti amano **il bello.**(형용사)
해석 : 예술가들은 미(美)를 사랑한다.

Antonio desidera **partire**.(동사)
해석 : Antonio는 떠나기로 결정했다.

Io **ti** amo.(대명사)
해석 : 나는 너를 사랑한다.

Mi devi spiegare **il perché**?(접속사)
해석 : 너는 내게 이유를 설명해야 한다.

Temo **il domani**.(부사)
해석 : 나는 내일이 두렵다.

Ho sentito gridare **ahi!**(감탄사)
해석 : 나는 아히!라고 소리치는 것을 들었다.

2) 전치사를 동반할 경우 직접 보어가 될 수 없지만, 유일하게 **부분관사**(del, dei, dello, degli, della, delle)를 동반할 경우에는 **가능**하다. 이를 '**부분 목적 보어**(complemento oggetto partitivo)'라고도 한다.

   Maria ha incontrato **delle difficoltà**.(=alcune difficoltà)
   해석 : Maria는 어려움들을 겪었다.

3) 직접 보어는 하나의 문장으로 이루어 질 수도 있다. 이 경우는 '목적격절'(Proposizione oggettiva)이라고 부른다.
   Ho deciso di partire.
   해석 : 나는 떠나기로 결심했다.

   Luisa dice che è tardi.
   해석 : Luisa는 늦었다고 말한다.

4) **몇몇 자동사**는 직접 보어로 사용된다. 이 경우 직접 보어는 동사의 어근과 동일하거나 또는 매우 유사한 의미를 지닌 명사로 이루어진다. 이 경우에 **명사는 항상 속사인 형용사를 동반**한다. 이와 같은 직접 보어를 '**내부 목적 보어**'(complemento dell'oggetto interno)라고 한다.

I bambini **vivono una vita** felice. (vivere-vita)
I bambini : 주어/ vivono : 동사적 술어/ **una vita** : 내부 목적 보어
/ felice : 내부 목적 보어의 속사.

해석 : 아이들은 행복한 삶을 산다.

Pavarotti **ha cantato una canzone** bellissima.
Pavarotti : 주어/ ha cantato : 동사적 술어/ **una canzone** : 내부 목적 보어/
bellissima : 내부 목적 보어의 속사.

해석 : Pavarotti는 매우 아름다운 노래를 한 곡 불렀다.

문제 1 다음 문장에서 직접 보어를 찾아 표시하고, 우리말로 해석하시오.

1) Ho comprato un libro.
2) Ti accompagno io.
3) Chiederò il suo nome.
4) Ho bevuto del tè verde.
5) Ora passiamo a decidere il come.

문제 1 정답

1) 직접 보어 : un libro. 해석 : 나는 책 한 권을 구입했다.
2) 직접 보어 : Ti. 해석 : 내가 너를 데려다 주겠다.
3) 직접 보어 : il nome. 나는 그의 이름을 물어볼 것이다.
4) 직접 보어 : del tè. 나는 녹차를 조금 마셨다.
5) 직접 보어 : il come. 해석 : 우리는 이제 어떻게 할 것인지를 결정할 수 있다.

문제 2 다음 문장을 논리적으로 분석하고, 우리말로 해석하시오.

1) Che cosa vuole tuo figlio?
2) Mi hanno offerto un caffè caldo.
3) Roberto vive la sua vita con serenità.
4) Anna e Maria hanno preparato delle pizze squisite.
5) Il tuo compagno, Mario, ha comprato un computer nuovo.

문제 2 정답

1) Che cosa : 직접 보어/ vuole : 동사적 술어/ tuo : 주어의 속사/ figlio : 주어.
   해석 : 네 아들은 무엇을 원하니?
2) (loro) : 내포 주어/ Mi : 간접 보어/ hanno offerto : 동사적 술어/ un caffè : 직접 보어 /caldo : 직접 보어의 속사.
   해석 : 그들은 내게 따뜻한 커피를 제공했다.
3) Roberto : 주어/ vive : 동사적 술어/ la sua vita : 내부 목적 보어/ con serenità : 간접 보어.
   해석 : Roberto는 조용하게 자신의 인생을 산다.
4) Anna e Maria : 주어/ hanno preparato : 동사적 술어/ delle pizze : 직접 보어/ squisite : 직접 보어의 속사.
   해석 : Anna와 Maria는 맛있는 피자들을 준비했다.
5) Il compagno : 주어의 동격/ tuo : 주어 동격의 속사/ Mario : 주어/ ha comprato : 동사적 술어 /un computer : 직접 보어/ nuovo : 직접 보어의 속사.
   해석 : 네 학교 친구인 Mario는 새 컴퓨터를 구입했다.

문제 3 다음 문장을 직접 보어를 사용하여 이탈리아어로 작문하시오.

1) Mario는 Roberta를 부른다.
2) Paolo는 문을 열었다.
3) 나는 커피를 마실 것이다.
4) 나는 Maria에게 예쁜 꽃들을 보냈다.
5) 나는 이탈리아 문화에 대한 책을 읽었다.

문제 3 정답

1) Mario chiama Roberta.
2) Paolo ha aperto la porta.
3) Prenderò un caffè.
4) Ho inviato dei bei fiori a Maria.
5) Ho letto un libro sulla cultura italiana.

2). 간접 보어(Complementi indiretti)
동사와 전치사를 통해 연결되어 다양한 기능을 하며, 의미에 따라 매우 다양한 종류가 있다.

①. 장소 보어(Complementi di luogo)

> Mario vive **a Milano.**
>
> Mario : 주어
> vive : 동사적 술어
> **a Milano** : **장소 보어**(장소 상태 보어)
> 해석 : Mario는 **밀라노에** 산다.

장소보어는 공간에서 사람, 사물, 사건 등의 위치를 정확히 하는데 사용된다.
장소 보어에는 '장소 상태 보어', '장소로의 이동 보어', '장소로 부터의 이동보어', '장소를 통한 이동 보어'가 있다.

a) 장소 상태 보어 (complemento di stato in luogo)

'어디에?(dove?)', '어느 곳에?(in che luogo?)'라는 질문에 대한 대답이다.
<전치사 in; su; a; da; per; sopra; sotto; presso; dentro; fuori; vicino a; lontano da; accanto a; nei pressi di; nei dintorni di; al di là di+장소> 형태를 취한다.

(Io) Abito **a Milano**.
(Io) : 내포 주어/ Abito : 동사적 술어/ **a Milano** : **장소 보어**(장소 상태 보어)
해석 : 나는 밀라노에 살고 있다.

Il libro sta **sul tavolo.**
Il libro : 주어/ sta : 동사적 술어/ **sul tavolo** : **장소 보어**(장소 상태 보어)
해석 : 그 책은 탁자 위에 있다.

b) 장소로의 이동 보어(complemento di moto a luogo)

"어디로(dove?)", "어디를 향하여?(verso dove?)"라는 질문에 대한 대답이다.
<전치사 in; a; da; per; su; verso; sopra; sotto; dentro; fra; in direzione di + 장소>의 형태를 취한다.

(Io) Vado **a scuola.**
(Io) : 내포 주어/ Vado : 동사적 술어/ **a scuola** : **장소 보어**(장소로의 이동 보어)

해석 : 나는 학교에 간다.

Il treno è partito **per Milano.**
Il treno : 주어/ è partito : 동사적 술어/ **per Milano** : 장소 보어(장소로의 이동 보어)
해석 : 기차는 밀라노를 향해 떠났다.

c) 장소로부터의 이동보어 (complemento di moto da luogo)
"어디에서?(da dove?)", "어느 장소로부터?(da quale luogo?)"라는 질문에 대한 대답이다.
<전치사 da; di; da dove; da qui; da qua; da lì; da là> 등의 형태를 취한다.

(Io) Torno **dall'Italia.**
(Io) : 내포 주어/ Torno : 동사적 술어/ **dall'Italia** : 장소 보어(장소로부터의 이동보어)
해석 : 나는 이탈리아에서 돌아온다.

Anna è uscita **di casa** alle 10.
Anna : 주어/ è uscita : 동사적 술어/ **di casa** : 장소 보어(장소로부터의 이동보어)
/ alle 10 : 시간 보어.
해석 : Anna는 10시에 집에서 나왔다.

d) 장소를 통한 이동 보어(complemento di moto per luogo) :
"어느 곳으로?(per dove?)", "어디를 통과하여?(attraverso quale luogo?)"라는 질문에 대한 대답이다. <전치사 per; da; in; attraverso; 혹은 in mezzo a; tra + 장소> 등을 사용한다.

(Noi) Passiamo **per il ponte.**
(Noi) : 내포 주어/ Passiamo : 동사적 술어/ **per il ponte** : 장소 보어(장소를 통한 이동 보어).
해석 : 우리는 다리를 통해 지나간다.

Il viaggio **attraverso la giungla** è pericoloso.
Il viaggio : 주어/ **attraverso la giungla** : 장소 보어(장소를 통한 이동 보어)
/ è pericoloso : 명사적 술어.
해석 : 정글을 통과하는 여행은 위험하다.

* 장소보어는 추상적인 의미를 지닐 수 있다.
Mario viveva nella convinzione. (장소 상태)

해석 : Mario는 확신 속에서 살고 있었다.

문제 1 다음 문장에서 '장소 상태 보어', '장소로의 이동 보어', '장소로부터의 이동 보어', '장소를 통한 이동 보어'를 찾아 구별하여 표시하고, 우리말로 <u>해석</u>하시오.

1) Questo treno viene da Roma.
2) Quando ti deciderai ad andare dalla zia?
3) La casa dei nonni è tra le montagne.
4) Passeggiavo per i viali del parco.
5) Attraverso le Alpi si giunge in Svizzera.

문제 1 정답

1) da Roma. 장소로 부터의 이동 보어. 해석 : 이 기차는 로마에서 온다.
2) dalla zia. 장소로의 이동 보어. 해석 : 너는 언제 숙모 댁에 가기를 원하니?
3) tra le montagne. 장소 상태 보어. 해석 : 조부모님의 집은 산 사이에 있다.
4) per i viali. 장소를 통한 이동 보어. 해석 : 나는 공원의 길을 통과해서 산책을 하곤 했다.
5) Attraverso le Alpi. 장소를 통한 이동 보어. 사람들은 알프스를 통과해서 스위스에 도착한다.

문제 2 다음 문장을 <u>논리적으로</u> 분석하고, 우리말로 <u>해석</u>하시오.

1) La permanenza in campagna fu piacevole.
2) I ladri sono penetrati attraverso la finestra.
3) Devi uscire da questo tuo mondo di sogni e vivere nella realtà.
4) La notizia della vittoria si diffuse rapidamente per il paese.
5) Questi studenti sanno passare da un argomento di storia a uno di letteratura con molta facilità.

문제 2 정답

1) La permanenza : 주어/ in campagna : 장소 상태 보어/ fu piacevole : 명사적 술어.
해석 : 야외에서 머무는 것은 즐겁다.

2) I ladri : 주어/ sono penetrati : 동사적 술어/ attraverso la finestra: 장소를 통한 이동 보어.
해석: 도둑들은 창문을 통해서 들어왔다.

3) (Tu): 내포 주어/ Devi uscire: 동사적 술어/ questo: 장소로부터의 이동 보어 속사/ tuo: 장소로부터의 이동 보어 속사/ dal mondo: 장소로부터의 이동 보어/ di sogni: 특정화 보어/ e vivere: 동사적 술어/ nella realtà: 장소 상태보어.
해석: 너는 꿈의 세상에서 나와 현실에서 살아야 한다.

4) La notizia: 주어/ della vittoria: 특정화 보어/ si diffuse: 동사적 술어/ rapidamente: 부사적 보어/ per il paese: 장소를 통한 이동 보어.
해석: 승리의 소식은 마을을 통해서 빠르게 퍼져나갔다.

5) Questi: 주어의 속사/ studenti: 주어/ sanno passare: 동사적 술어/ da un argomento: 장소로부터의 보어/ di storia: 특정화 보어/ a uno: 장소로의 이동 보어/ di letteratura: 특정화 보어 / molta: 간접 보어의 속사/ con facilità: 간접 보어.
해석: 이 학생들은 역사 주제에서 문학 주제로 매우 쉽게 넘어갈 줄 안다.

문제 3 다음 문장을 장소 보어를 사용하여 이탈리아어로 작문하시오.

1) 그는 마을을 향해 걷고 있었다.
2) 네 인형은 침대 옆에 있다.
3) 나는 내년에 Roma에 갈 것이다.
4) Tevere 강은 Roma를 통과해서 지나간다.
5) 어제 Maria와 Roberta는 Milano로부터 출발했다.

문제 3 정답

1) Lui camminava verso il paese.
2) La tua bambola è accanto al letto.
3) L'anno prossimo andrò a Roma.
4) Il Tevere passa per Roma.
5) Ieri Maria e Roberta sono partite da Milano.

②. 시간 보어(Complementi di tempo)

> a) Maria è nata **in luglio.**
>
>   Maria: 주어
>   è nata: 동사적 술어
>   **in luglio**: **시간 보어**(한정 시간 보어)
>   해석: Maria는 **7월에** 태어났다.
>
> --
> b) Claudio ha riso **a lungo.**
>
>   Claudio: 주어
>   ha riso: 동사적 술어
>   **a lungo**: **시간 보어**(지속 시간 보어)
>   해석: Claudio는 **오랫동안** 웃었다.

시간 보어는 술어(il predicato)에 의해 표현된 행동, 상황이 일어난 시간에 관련된 보어이다. 시간 보어에는 위 문장 중 a)의 경우처럼 정해진 시간을 나타내는 '**한정 시간 보어**'와 b)의 경우처럼 어느 정도 지속적인 시간을 나타내는 '**지속 시간 보어**'가 있다.

a) 한정 시간 보어(complemento di tempo determinato)
"언제?(quando?)", "어느 순간에?(in quale momento?)"라는 질문에 대한 대답이다.

술어에 의해 표현된 행동, 상황이 과거에 일어났거나, 현재 일어나고 있거나, 미래에 일어날 **순간, 시대, 날짜 등을 정확히 지시하는** 보어이다. 명사 앞에 <전치사 a; in; di; verso; durante> 등이 사용된다. 또는 전치사 없이 부사(ieri, oggi, domani 등) 또는 시간에 관련된 부사적 관용구(al tempo di, prima di 등)에 의해서도 표현될 수 있다.

In maggio sbocciano le rose.
In maggio: **시간 보어**(한정 시간 보어)/ sbocciano: 동사적 술어/ le rose: 주어.
해석: 장미는 5월에 핀다.

b) 지속 시간 보어(complemento di tempo continuato)
"얼마 동안?(per quanto tempo?)', 언제부터?(da quanto tempo?)"이라는 질문에 대한 대답이다.
술어에 의해 표현된 상황, 행동이 과거, 현재, 미래에 **지속적인 기간을 지시**한다. 전치사 per 또는 시간을 지시하는 부사(sempre 등), 부사적 관용구(fino a 등)가 사용된다. Per는 생략되는 경우가 많다.

Ho aspettato Maria **(per) due ore.**

(Io): 내포 주어. Ho aspettato: 동사적 술어 Maria: 직접 보어/ **(per) due ore: 시간 보어**(지속 시간 보어).

해석: 나는 Maria를 두 시간동안 기다렸다.

문제 1 다음 문장에서 시간 보어를 찾아 한정 시간 보어 또는 지속 시간 보어를 표시하고, 우리말로 해석하시오.

1. Domani pioverà.
2. Hanno cantato fino all'alba.
3. Tornerò entro mezzanotte.
4. Il film inizierà alle 22:00.
5. Studierò l'italiano fino a sera.

문제 1 정답

1) Domani. 한정 시간 보어. 해석: 내일 비가 올 것이다.
2) fino all'alba. 지속 시간 보어. 해석: 그들은 새벽까지 노래를 불렀다.
3) entro mezzanotte. 한정 시간 보어. 해석: 나는 자정 안으로 돌아올 것이다.
4) alle 22:00. 한정 시간 보어. 해석: 영화는 22시에 시작할 것이다.
5) fino a sera. 지속 시간 보어. 해석: 나는 저녁때까지 이탈리아어를 공부할 것이다.

문제 2 다음 문장을 논리적으로 분석하고, 우리말로 해석하시오.

1) Il compito è per domenica.
2) La mamma è uscita due ore fa.
3) Marco è Partito (i tre ore prima/dopo.
4). La guerra durò due anni.
5). Luca sarà con noi per tutta l'estate.

문제 2 정답

1) Il compito: 주어/ è: 동사적 술어/ per domenica: 한정 시간 보어.
   해석: 숙제는 일요일을 위한 것이다.
2) La mamma: 주어/ è uscita: 동사적 술어/ due ore fa: 한정 시간 보어.
   해석: 엄마는 두 시간 전에 외출했다.
3) Marco: 주어/ è partito: 동사적 술어/ tre ore prima: 한정 시간 보어.
   해석: Marco는 세 시간 전에 출발했다.
4) La guerra: 주어/ durò: 동사적 술어/ due anni: 지속 시간 보어.
   해석: 전쟁은 2년 동안 지속되었다.
5) Luca: 주어/ sarà: 동사적 술어/ con noi: 동반 보어/ per tutta l'estate: 지속 시간 보어.
   해석: Luca는 여름 내내 우리와 함께 있을 것이다.

문제 3 다음 문장을 시간 보어를 사용하여 이탈리아어로 작문하시오.

1) 버스는 이십분마다 지나간다.(지나가다: passare)
2) 우리는 2시간 동안 토론을 했다.(토론하다: discutere)
3) 그는 내게 석 달 전에 편지를 썼다.
4) Carlo는 내게 하루에 세 번 전화한다.
5) 내일 안으로 농부들은 추수를 끝낼 것이다. (끝내다: terminare / 추수: la vendemmia)

문제 3 정답

1) L'autobus passa ogni venti minuti.
2) Abbiamo discusso per due ore.
3) Lui mi ha scritto una lettera tre mesi fa.
   = Lui ha scritto una lettera a me tre mesi fa.
   = Tre mesi fa, Lui ha scritto una lettera a me.
   = Tre mesi fa, Lui mi ha scritto una lettera.
4) Carlo mi telefona tre volte al giorno.
5) Entro domani i contadini termineranno la vendemmia.

③. 수단 보어(Complementi di mezzo o strumento)

> Siamo arrivati **con il treno** delle ore 9.
>
> (Noi): 내포 주어
> Siamo arrivati: 동사적 술어
> **con il treno: 수단 보어**
> delle ore 9: 한정 시간 보어
> 해석: 우리는 9시 **기차를 타고** 도착했다.

'누구를 통하여?(Per mezzo di chi?)', '무슨 수단으로?(Per mezzo di che cosa?)', '무엇을 가지고?(Con che cosa?)'라는 질문에 대한 대답이다.
<전치사 con; per; di; a; da; su; in 또는 전치사구 mediante; tramite; attraverso; per mezzo di; per opera di> 등과 사용한다. 어떤 행동을 하기 위해 필요한 것이 도구일 경우는 '도구 보어'라고 한다.

Carla è partita **in aereo.**
Carla: 주어/ è partita: 동사적 술어/ **in aereo: 수단 보어**
해석: Carla는 비행기로 떠났다.

Ho chiuso la porta **a chiave.**
(Io): 내포 주어/ Ho chiuso: 동사적 술어/ la porta: 직접 보어/ **a chiave: 도구 보어**
해석: 나는 열쇠로 문을 잠갔다.

문제 1 다음 문장에서 수단(도구) 보어를 찾아 표시하고, 우리말로 해석하시오.

1) C'è un mulino a vento.
2) Chi di spada ferisce di spada perisce.
3) Mi piace andare a scuola in bicicletta.
4) Ho avvertito de mio arrivo con il cellullare.
5) La biblioteca è stata chiusa con delle chiavi speciali.

문제 1 정답

1) a vento. 수단 보어. 해석: 바람을 수단으로 하는 방앗간이 있다.
2) di spada. 도구 보어/ di spada. 도구 보어.
   해석: 칼로 상처를 입히는 사람은 칼로 상처를 입는다.
3) in bicicletta. 수단 보어. 해석: 나는 자전거로 등교하는 것을 좋아한다.
4) con il cellullare. 도구 보어. 해석: 나는 나의 도착을 핸드폰으로 알렸다.
5) con delle chiavi. 도구 보어. 해석: 도서관은 특수한 열쇠들로 잠겨있다.

문제 2 다음 문장을 논리적으로 분석하고, 우리말로 해석하시오.

1) Lui ha una lampada a gas.
2) Riceverete le mie notizie tramite Mario.
3) I soldati hanno passato il fiume mediante un ponte.
4) I bambini amano bere le bibite con la cannuccia.
5) In autunno è piacevole andare a scuola a piedi.

문제 2 정답

1) Lui: 주어/ ha: 동사적 술어/ una lampada: 직접 보어/ a gas: 수단 보어.
   해석: 그는 가스램프를 가지고 있다.
2) (voi): 내포 주어/ Riceverete: 동사적 술어/ le notizie: 직접 보어/ mie: 직접 보어의 속사/ tramite Mario: 수단 보어.
   해석: 너희들은 Mario를 통해서 내 소식을 접할 것이다.
3) I soldati: 주어/ hanno passato: 동사적 술어/ il fiume: 직접 보어/ mediante un ponte: 수단 보어.
   해석: 군인들은 다리를 이용하여 강을 지나갔다.
4) I bambini: 주어/ amano bere: 동사적 술어/ le bibite: 직접 보어/ con la cannuccia: 도구 보어.
   해석: 아이들은 빨대로 음료수 마시는 것을 좋아한다.
5) In autunno: 간접 보어(시간 보어)/ è piacevole: 명사적 술어(è: 연결어, piacevole: 명사부)/ andare: 동사적 술어/ a scuola: 장소 보어/ a piedi: 수단 보어.
   해석: 가을에 걸어서 학교에 가는 것은 즐겁다.

문제 3 다음 문장을 수단(도구) 보어를 사용하여 이탈리아어로 작문하시오.

1) 나는 현금으로 지불하겠다.
2) 네 소포는 우편으로 도착했다.
4) 그는 가스램프를 가지고 있다.
3) 아이들은 빨대로 음료수를 마시는 것을 좋아한다.
5) 우리 아파트에서 난방은 메탄가스로 작동된다.

문제 3 정답

1) Pago in contanti.
2) Il tuo pacco è arrivato per posta.
3) Lui ha una lampada a gas.
4) I bambini amano bere le bibite con la cannuccia.
   = Ai bambini piace bere le bibite con la cannuccia.
5) Nel nostro appartamento il riscaldamento funziona a metano.

④. 방식/양태 보어(Complementi di modo e maniera)

> Anna ascolta le mie parole **con attenzione.**
>
> Anna: 주어
> ascolta: 동사적 술어
> le parole: 직접 보어
> mie: 직접 보어의 속사
> **con attenzione: 방식 보어**
> 해석: Anna는 내 말을 **주의 깊게** 듣는다.

"어떻게?(come?)", "어떤 방식으로?(in che modo?)"라는 질문에 대한 대답이다.
<전치사 con; in; a; di; da; su; per; tra> 등을 사용한다.

예:
La madre aspetta il figlio **con ansia**.
La madre: 주어/ aspetta: 동사적 술어/ il figlio: 직접 보어/ **con ansia: 방식 보어**
해석: 어머니는 걱정스럽게 아들을 기다린다.

Devo partire **in fretta**.
(Io): 내포 주어/ Devo partire: 동사적 술어/ **in fretta: 방식 보어**
해석: 나는 서둘러 출발해야만 한다.

* 일반적으로 방식 보어는 부사의 의미를 갖는다.
Luisa scrive **con diligenza** con la biro. Luisa는 볼펜으로 부지런히 편지를 쓴다.
Luisa: 주어/ scrive: 동사적 술어
con diligenza: 방식 보어(부지런히: in modo diligente, diligentemente)
con la biro: 수단 보어

위의 예에서 전치사 con이 두 번 사용되었으나 그 기능과 의미는 완전히 다르다는 것을 알 수 있다. 이처럼 동일한 전치사가 사용된다고 할지라도 문장에 있어서 그 기능과 역할이 다르므로 해석도 달리 해야 한다는 것을 항상 고려해야 한다. 대부분의 전치사는 10~20여개 정도의 기능과 의미를 지니고 있으므로 문장에서 전치사를 어떻게 해석하느냐가 매우 중요한 요소이다.

문제 1 | 다음 문장에서 방식(양태) 보어를 찾아 표시하고, 우리말로 해석하시오.

1) L'ho detto per scherzo.
2) Anna camminava a tentoni.
3) Lui si è comportato come uno sciocco.
4) Vorrei mangiare la pasta al pomodoro.
5) Gli spettatori ascoltano la musica in silenzio.

문제 1 정답

1) per scherzo. 해석: 나는 그것을 농담으로 말했다.
2) a tentoni. Anna는 엉금엉금 걸어가고 있었다.
3) come uno sciocco. 해석: 그는 바보처럼 행동했다.

4) al pomodoro. 해석: 나는 토마토 파스타를 먹고 싶다.
5) in silenzio. 해석: 청중은 음악을 조용히 듣는다.

문제 2 다음 문장을 논리적으로 분석하고, 우리말로 해석하시오.

1) Il cavallo camminava a testa alta.
2) Mario ha studiato con diligenza l'italiano.
3) Anna studia con piacere.
4) Laura parla in maniera corretta.
5) Ho svolto il mio lavoro con intelligenza.

문제 2 정답

1) Il cavallo: 주어/ camminava: 동사적 술어/ a testa alta: 방식 보어. 해석: 말은 똑바로 걸었다.
2) Mario: 주어/ ha studiato: 동사적 술어/ con diligenza: 방식 보어/ l'italiano: 직접 보어.
   해석: Mario는 이탈리아어를 열심히 공부했다.
3) Anna: 주어/ studia: 동사적 술어/ con piacere: 방식 보어. 해석: Anna는 기꺼이 공부를 한다.
4) Laura: 주어/ parla: 동사적 술어/ in maniera corretta: 방식 보어. 해석: 라우라는 옳은 방식으로 말한다.
5) (Io): 내포 주어/ Ho svolto: 동사적 술어/ il lavoro: 직접 보어/ mio: 직접 보어의 속사/ con intelligenza: 방식 보어. 해석: 나는 현명하게 내 일을 수행했다.

문제 3 다음 문장을 방식(양태) 보어를 사용하여 이탈리아어로 작문하시오.

1) 그는 마지못해 일을 한다.
2) Maria는 뛰어서 도착했다.
3) 갑자기 비가 내렸다.
4) 우리는 열심히 이탈리아어를 공부해야 한다.
5) 그들은 내 말을 매우 주의 깊게 듣는다.

> 문제 3 정답

1) Lui lavora di malavoglia.
2) Maria è giunta di corsa.
3) È piovuto all'improvviso.
4) Dobbiamo studiare l'italiano con passione.
5) Essi ascoltano le mie parole con grande attenzione.

⑤. 동반 보어(Complementi di compagnia o di unione)

Partirò per Roma **con la mia famiglia.**

(Io): 내포 주어
Partirò: 동사적 술어
per Roma: 장소 보어(장소로의 이동 보어)
con la mia famiglia: 동반 보어
해석: 나는 **내 가족과 함께** 로마로 떠날 것이다.

동반 보어는 **사람 또는 동물**에 대해 "누구와 함께?(con chi? insieme a chi?)"라는 질문에 대한 대답이며, **결합 보어**는 **사물**에 대해 "무엇을 가지고?(insieme a che cosa?)"라는 질문에 대한 대답이다. <con; insieme con; insieme a; in compagnia di 등의 전치사 또는 전치사구>를 사용한다.

Roberta passeggia **con la sua amica.**
Roberta: 주어/ passeggia: 동사적 술어/ **con la amica: 동반보어**
해석: Roberta는 그의 여자 친구와 함께 산책을 한다.

Il contadino va al campo **con la zappa.**
Il contadino: 주어/ va: 동사적 술어/ al campo: 장소로의 이동 보어/ **con la zappa: 결합 보어**
해석: 농부는 괭이를 들고 들로 간다.

문제 1 다음 문장에서 동반 보어 또는 결합 보어를 찾아 표시하고, 우리말로 해석하시오.

1) Anna vive con la sorella.
2) Passeggiavo assieme agli amici.
3) Paolo è arrivato con i fiori.
4) I ragazzi sono arrivati con le loro cartelle.
5) Mario ha passato la domenica scorsa in compagnia di Anna.

문제 1 정답

1) con la sorella. 해석: Anna는 여동생과 함께 산다.
2) assieme agli amici. 해석: 나는 친구들과 함께 산책을 하고 있었다.
3) con i fiori. 해석: Paolo는 꽃을 가지고 도착했다.
4) con le cartelle. 해석: 아이들은 그들의 책가방을 가지고 도착했다.
5) in compagnia di Carla. 해석: Mario는 Anna와 함께 지난 일요일을 보냈다.

문제 2 다음 문장을 논리적으로 분석하고, 우리말로 해석하시오.

1) Il babbo è uscito con il cane.
2) Maria è uscita con l'ombrello.
3) Insieme ai compagni di classe ho organizzato una partita di calcio.
4) Gli studenti visiteranno l'acquario assieme ad alcuni insegnanti.
5) Paolo ha comprato un libro con bellissime illustrazioni.

문제 2 정답

1) Il babbo: 주어/ è uscito: 동사적 술어/ con il cane: 동반보어.
   해석: 아빠는 개를 데리고 외출했다.
2) Maria: 주어/ è uscita: 동사적 술어/ con l'ombrello: 결합 보어.
   해석: Maria는 우산을 가지고 외출했다.
3) Insieme ai compagni: 동반보어/ di classe: 특정화 보어/ (io): 내포 주어/ ho organizzato: 동사적 술어/ una partita: 직접 보어/ di calcio: 특정화 보어.

해석: 나는 학급의 동료들과 함께 축구 시합을 조직했다.
4) Gli studenti: 주어/ visiteranno: 동사적 술어/ l'acquario: 직접 보어/ assieme ad alcuni insegnanti: 동반보어.
해석: 학생들은 몇몇 선생님과 함께 수족관을 방문할 것이다.
5) Paolo: 주어/ ha comprato: 동사적 술어/ un libro: 직접 보어/ con illustrazioni: 결합 보어/ bellissime: 결합 보어의 속사.
해석: Paolo는 매우 아름다운 그림들이 있는 책을 한 권 구입했다.

문제 3 다음 문장을 동반 보어 또는 결합 보어를 사용하여 이탈리아어로 작문하시오.

1) 평화가 여러분과 함께 있을 지어다.
2) Mario는 Anna와 함께 시장에 간다.
3) 나는 학급의 동료들과 함께 축구 시합을 조직했다.
5) 나는 커다란 정원이 달린 집을 구입했다.
4) 나는 일요일마다 친구들과 함께 산책을 하곤 했다.

문제 3 정답

1) La pace sia con voi.
2) Mario va al mercato con Anna,
3) Insieme ai compagni di classe ho organizzato una partita di calcio.
4) Ho acquistato una casa con un grande giardino
5) Ogni domenica passeggiavo(=facevo una passeggiata) insieme con i compagni.

⑥. 관련 보어(Complementi di rapporto)

> I bambini litigavano **tra loro.**
>
> I bambini: 주어
> litigavano: 동사적 술어
> **tra loro: 관련 보어**
> 해석: 아이들이 **그들끼리** 싸우고 있었다.

"누구 사이에(tra, fra chi?)", "무엇 사이에(tra; fra che cosa?)", "누구와 관계하여(in rapporto con chi?)", "무엇과 관계하여(in rapporto con che cosa?)"라는 질문에 대한 대답이다.

사람, 사물, 동물 사이의 (상호) 관계를 나타낸다. 동반 보어와 유사하나 명사 혹은 대명사 앞에 전치사 tra(fra)가 온다.

상기한 경우 외에도 전치사 con에 의해 관계 또는 상호 관계 보어가 성립될 수 도 있다. 이 경우는 우정(친구) 또는 적대 관계를 나타낸다.

Paolo litiga **con tutti.**
Paolo: 주어/ litiga: 동사적 술어/ **con tutti**: 관련 보어
해석: Paolo는 모든 사람과 다툰다.

문제 1 다음 문장에서 관련 보어를 찾아 표시하고, 우리말로 해석하시오.

1) C'è stata una lite tra quei due.
2) La Corea ha un buon **rapporto** con l'Italia.
3) Le comunicazioni con l'Italia sono interrotte.
4) Tra gli amici queste cose non dovrebbero succedere di nuovo.
5) La Corea del Nord ha interrotto le comunicazioni con l'estero.

문제 1 정답

1) tra quei due. 해석: 저 두 사람 사이에 다툼이 있었다.
2) con l'Italia. 해석: 한국은 이탈리아와 좋은 관계를 맺고 있다.
3) con l'Italia. 해석: 이탈리아와의 통신이 두절되었다.
4) Tra gli amici. 해석: 친구들 사이에는 이러한 일들이 다시 발생해서는 안 된다.
5) con l'estero. 해석: 북한은 해외와 통신을 단절했다.

문제 2 다음 문장을 논리적으로 분석하고, 우리말로 해석하시오.

1) Mario litiga con tutti.
2) Sorse una discussione tra Marco e Carla.
3) L'Italia ha avuto una buona amicizia con la Corea.

4) I fidanzati si scambiano regali fra loro.
5) La nostra università ha ottimi rapporti con le università italiane.

문제 2 정답

1) Mario: 주어/ litiga: 동사적 술어/ con tutti: 관련 보어. 해석: Mario는 모든 사람과 다툰다.
2) Sorse: 동사적 술어/ una discussione: 주어/ tra Marco e Carla: 관련 보어.
   해석: Marco와 Carla 사이에 논쟁이 일어났다.(sorse: 동사 sorgere의 직설법 원과거 3인칭 단수 형태).
3) L'Italia: 주어/ ha avuto: 동사적 술어/ una buona amicizia: 직접 보어/ buona: 직접 보어의 속사/ con la Corea: 관련 보어.
   해석: 이탈리아는 한국과 좋은 우정을 가지고 있다.
4) I fidanzati: 주어/ si scambiano: 동사적 술어/ regali: 직접 보어/ fra loro: 관련 보어.
   해석: 약혼자들은 서로 선물을 교환한다.
5) La nostra università: 주어/ ha: 동사적 술어/ ottimi rapporti: 직접 보어/ con le università italiane: 관련 보어.
   해석: 우리 대학은 이탈리아 대학과 매우 좋은 관계를 맺고 있다.

문제 3 다음 문장을 관련 보어를 사용하여 이탈리아어로 작문하시오.

1) 그들 사이에는 대단한 우정이 존재한다.
2) Mario는 종종 학교 친구들과 다툰다.
3) 로마에서 국가수반들 사이에 만남이 있다.
4) 너는 네 친구와 다퉜니?
5) Mario와 Carla 사이에 토론이 벌어졌다.

문제 3 정답

1) Tra loro c'è una grande amicizia.
2) Mario litiga spesso con la compagna di scuola.
3) A Roma c'è un incontro tra Capi di Stato.
4) Hai litigato con il tuo amico?

5) È sorta una discussione fra Mario e Carla.

⑦. 제외 보어(Complementi di esclusione o eccettuativo)

> Tutti i musei sono aperti meno il lunedì.
>
> Tutti: 주어의 속사
> i musei: 주어
> sono aperti: 명사적 술어(sono: 연결어, aperti: 명사부)
> **meno il lunedì: 제외 보어**
> 해석: 모든 박물관은 **월요일을 제외하고** 열려 있다.

제외보어는 제외된 사람 혹은 사물을 지시한다.
"누구 없이(senza chi?)", "누구를 제외하고?", "무엇 없이?(senza che cosa?)", "무엇을 제외하고?"라는 질문에 대한 대답이다.
<전치사 eccetto; tranne; salvo; fuorché; senza; meno 또는 관용구 all'infuori di; a eccezione di…+ 명사 혹은 대명사> 형태를 취한다.

Essi sono partiti, **eccetto Marco.**
Essi: 주어/ sono partiti: 동사적 술어/ **eccetto Marco: 제외 보어**
해석: 그들은 마르코를 제외하고 떠났다.

문제 1 ┃ 다음 문장에서 제외(배제) 보어를 찾아 표시하고, 우리말로 해석하시오.

1) Salvo Carlo, tutti sono presenti.
2) Tutti erano d'accordo fuorché Marco.
3) Tutto possiamo perdere tranne l'onore.
4) Eccetto gli ebrei, i popoli antichi erano politeisti.
5) Ad eccezione di Anna, tutti parlano male di Luca.

문제 1 정답

1) Salvo Carlo. Carlo만 제외하고 모두가 참석했다.
2) fuorché Marco. 해석: Marco를 제외하고 모든 사람은 찬성했다.

3) tranne l'onore. 해석: 우리는 명예를 제외하고 모든 것을 잃을 수 있다.
4) Eccetto gli ebrei. 해석: 유대인들을 제외하고 고대 종족들은 다신교였다.
5) Ad eccezione di Anna. Anna를 제외하고 모든 사람은 Luca에 대해 나쁘게 말한다.

문제 2 다음 문장을 논리적으로 분석하고, 우리말로 해석하시오.

1) Conosco tutti meno uno.
2) Tutti dormivano, tranne mia madre.
3) Ho incontrato tutti fuorché Maria.
4) Anna ha superato tutte le prove meno la matematica.
5) Carlo studiava tutte le materie meno la matematica.

문제 2 정답

1) (Io): 내포 주어/ Conosco: 동사적 술어/ tutti: 직접 보어/ meno uno: 제외 보어.
   해석: 나는 한 사람을 제외하고 모든 사람을 안다.
2) Tutti: 주어/ dormivano: 동사적 술어/ tranne mia madre: 제외 보어.
   해석: 나의 어머니를 제외하고 모두는 잠을 자고 있었다.
3) (Io): 내포 주어/ Ho incontrato: 동사적 술어/ tutti: 직접 보어/ fuorché Maria: 제외 보어.
   해석: 나는 Maria를 제외하고 모든 사람을 만났다.
4) Anna: 주어/ ha superato: 동사적 술어/ tutte: 직접 보어의 속사/ le prove: 직접 보어/ meno la matematica: 제외 보어.
   해석: Anna는 수학을 제외하고 모든 시험을 통과했다.
5) Carlo: 주어/ studiava: 동사적 술어/ le materie: 직접 보어/ tutte: 직접 보어의 속사/ meno la matematica: 제외 보어.
   해석: Carlo는 수학을 제외하고 모든 과목을 공부하곤 하였다.

문제 3 다음 문장을 제외(배제) 보어를 사용하여 이탈리아어로 작문하시오.

1) 나는 권투를 제외하고 모든 스포츠를 좋아한다.(권투: il pugilato)
2) 할아버지는 안경 없이 신문을 읽는다.
3) 공기와 음식 없이 인간은 살 수 없다.
4) Mario는 생선을 제외하고 모든 것을 좋아한다.(좋아하다: piacere)

5) 하느님의 도움 없이 구원은 없다.(하느님: Dio / 구원: salvezza)

> 문제 3 정답

1) Mi piacciono tutti gli sport tranne il pugilato.(piacciono+복수 형태)
2) Il nonno legge il giornale senza occhiali.
3) Senz'aria e senza cibo gli uomini non riescono a vivere
4) A Mario piace tutto, eccetto il pesce.(piace+단수 형태)
5) Senza l'aiuto di Dio, non c'è salvezza.

⑧. 원인 보어(Complementi di causa)

Maria impallidì **per lo spavento.**

Maria: 주어
impallidì: 동사적 술어
per lo spavento: 원인 보어.
해석: Maria는 **놀라서** 창백해졌다.

위에서 보듯이 원인 보어는 어떤 사건이 발생한 원인 혹은 동기를 나타내는 보어이다.
형태는 <per; di; a; da; con; a causa di; a motivo di + 명사 혹은 기타 품사>이다.
'왜?(perchè?)', '어떤 이유 때문에?(per quale motivo?)'라는 질문에 대한 대답이다.
해석은 '~때문에', '~해서', '~원인으로' 등으로 해석한다.

I cuccioli sono morti **dal freddo.**
I cuccioli: 주어/ sono morti: 동사적 술어/ **dal freddo**: 원인 보어
해석: 동물의 새끼들은 추워서 죽었다.

I boschi sono bruciati **a causa dell'incendio.**
I boschi: 주어/ sono bruciati: 동사적 술어/ **a causa dell'incendio**: 원인 보어
해석: 숲은 화재 때문에 불탔다.

문제 1 다음 문장에서 원인 보어를 찾아 표시하고, 우리말로 해석하시오.

1) Sono contentissimo della tua visita.
2) Con questa neve, non posso uscire.
3) In certi paesi si vive male a causa del freddo.
4) Nel mondo ancora tanti bambini muoiono di fame.
5) Il professore d'italiano è soddisfatto della mia pronuncia.

문제 1 정답

1) della visita.(tua: 원인 보어의 속사). 해석: 너의 방문에 나는 너무 기쁘다.
2) Con neve.(questa: 원인 보어의 속사). 해석: 이 눈(雪)때문에 나는 외출 할 수 없다.
3) a causa del freddo. 해석: 몇몇 마을은 추위 때문에 잘 살지 못한다.
4) di fame. 해석: 세상에서는 아직도 많은 어린이들이 배고픔으로 사망한다.
5) della pronuncia.(mia: 원인 보어의 속사). 해석: 이탈리아어 교수님은 내 발음 때문에 만족해 했다.

문제 2 다음 문장을 논리적으로 분석하고, 우리말로 해석하시오.

1) Sono stanco del lungo cammino.
2) La povera bambina tremava dal freddo.
3) A causa del maltempo il viaggio è rinviato.
4) Maria era insoddisfatta del risultato degli esami.
5) Nel bosco tutti i rami degli alberi sono piegati per il peso dei frutti maturi.

문제 2 정답

1) (Io): 내포 주어/ Sono stanco: 명사적 술어/ del lungo cammino: 원인 보어.
   해석: 나는 오랫동안 걸었기 때문에 피곤하다.
2) La bambina: 주어/ povera: 주어의 속사/ tremava: 동사적 술어/ dal freddo: 원인 보어.
   해석: 그 가여운 여자 아이는 추워서 떨고 있었다.
3) A causa del maltempo: 원인 보어/ il viaggio: 주어/ fu rinviato: 동사적 술어.

해석: 나쁜 날씨 때문에 여행은 연기되었다.
4) Maria: 주어/ era insoddisfatta: 명사적 술어(era: 연결어, insodisfatta: 명사부)/ del risultato: 원인 보어/ degli esami: 특정화 보어.
해석: Maria는 시험 결과 때문에 불만스러웠다.
5) Nel bosco: 장소 보어/ tutti: 주어의 속사/ i rami: 주어/ degli alberi: 특정화 보어/ sono piegati: 동사적 술어/ per il peso: 원인 보어/ dei frutti: 특정화 보어/ maturi: 특정화 보어의 속사.
해석: 숲에서는 나무들의 모든 가지들이 잘 익은 과일들의 무게 때문에 휘어졌다.

문제 3 다음 문장을 <u>원인 보어</u>를 사용하여 <u>이탈리아어로 작문</u>하시오.

1) 그는 암으로 사망했다.(암: cancro)
2) 베네치아는 곤돌라 때문에 유명하다.(곤돌라: gondola)
3) 작년에 많은 마을이 지진 때문에 파괴되었다.
4) 나는 위장 문제로 아무것도 먹을 수 없다.(위장 문제: problemi di stomaco)
5) 자신의 운명 때문에 만족하는 사람은 아무도 없다.(자신의 운명: la propria sorte)

문제 3 정답

1) Lui è morto di cancro.
2) La città di Venezia è famosa per le gondole.
3) L'anno scorso molti paesi sono stati distrutti dal terremoto.
4) Non posso mangiare niente per problemi di stomaco.
5) Nessuno è contento della propria sorte.

⑨. 목적 보어(Complementi di fine o scopo)

> Viaggio **per divertimento.**
>
> (Io): 내포 주어
> viaggio: 동사적 술어
> **per divertimento:** 목적 보어
> 해석: 나는 **즐기기 위해** 여행을 한다.

위의 예에서 보듯이 목적 보어는 말 그대로 어떠한 목적을 알리는 역할을 하는 보어이다.

<전치사 per; a; in; da; di+명사> 혹은 <al fine di; allo scopo di; in vista di + 명사 혹은 명사로 사용된 다른 품사>의 형태를 취한다.

"어떤 목적으로?(con quale scopo?)", "무슨 목적을 위해?(a quale fine?)" 등의 질문에 대한 대답이다. 해석은 '~위해'라고 한다.

예: Tutti si sacrificano **per la famiglia**.
   모든 사람은 가족을 위해 희생한다.

* '**da+명사**'의 형태를 지닌 **목적 보어의 특수 형태**가 있다.
예: carta **da** lettera(편지지), scarpe **da** tennis(테니스화), borsa **da** viaggio(여행 가방), sala **da** pranzo(식당), macchina **da** imballaggio(포장기), macchina **da** scrivere(타자기)...

* 전치사 per의 경우에는 목적 보어와 원인 보어를 혼동하지 않도록 주의해야 한다.
Maria studia **per la promozione**.: 목적 보어(아직 목적이 이루어 지지 않음)
Maria riceve un premio **per la promozione**.: 원인 보어(이미 목적을 이루었음)

문제 1 다음 문장에서 목적 보어를 찾아 표시하고, 우리말로 해석하시오.

1) Sono qui in Italia per affari.
2) Mario ha studiato da avvocato.
3) Ho detto ciò per il tuo bene.
4) Anna ha lavorato a scopo di lucro.
5) La mia macchina da scrivere è perfetta.

문제 1 정답

1) per affari. 해석: 나는 사업을 위해 이곳 이탈리아에 왔다.
2) da avvocato. 해석: Mario는 변호사가 되기 위한 공부를 했다.
3) per il bene.(tuo: 목적 보어의 속사). 해석: 나는 너의 안녕을 위해 그것을 말했다.
4) a scopo di lucro. 해석: Anna는 영리를 목적으로 일했다.
5) da scrivere. 해석: 내 타자기는 완벽하다.

문제 2 다음 문장을 논리적으로 분석하고, 우리말로 해석하시오.

1) Siamo in una sala da ballo.
2) Roberto andrà in Italia a scopo di studio.
3) Gli onesti lavorano sempre a fine di bene.
4) Fu costruita una torre a difesa della città.
5) Gli studenti votano per l'elezione dei rappresentanti.

문제 2 정답

1) (Noi): 내포 주어/ Siamo: 동사적 술어/ in una sala: 장소 보어/ da ballo: 목적 보어.
   해석: 우리는 무도회장에 있다.
2) Roberto: 주어/ andrà: 동사적 술어/ in Italia: 장소로의 이동보어/ a scopo di studio: 목적보어.
   해석: Roberto는 공부를 위해서 이탈리아에 갈 것이다.
3) Gli onesti: 주어/ lavorano: 동사적 술어/ sempre: 시간 보어/ a fine di bene: 목적 보어.
   해석: 정직한 사람들은 선을 위해서 일한다.
4) Fu costruita: 동사적 술어/ una torre: 주어/ a difesa: 목적 보어/ della città: 특정화 보어.
   해석: 도시를 방어하기 위하여 탑이 건설되었다.
5) Gli studenti: 주어/ votano: 동사적 술어/ per l'elezione: 목적 보어/ dei rappresentanti: 특정화 보어.
   해석: 학생들은 대표자들을 선출하기 위해 투표를 한다.

문제 3 다음 문장을 목적 보어를 사용하여 이탈리아어로 작문하시오.

1) 출발하기 위한 모든 것이 준비되었다.
2) 나는 어제 타자기를 구입했다.
3) 나는 식당의 가구 위치를 바꾸었다.
4) 교황은 세계 평화를 위해 기도했다.
5) 선수들은 승리를 위해 경기를 한다.

문제 3 정답

1) Tutto è pronto per la partenza.
2) Ieri ho comprato una macchina da scrivere.
3) Ho cambiato la disposizione dei mobili della sala da pranzo.
4) Il papa ha pregato per la pace nel mondo.
5) Gli atleti gareggiano per la vittoria.

⑩. 행위자(동인動因) 보어(Complementi d'agente o di causa efficiente)

> 1) L'America fu scoperta **da Cristoforo Colombo.**
>
> L'America: 주어
> fu scoperta: 동사적 술어
> **da Cristoforo Colombo: 행위자 보어**
> 해석: 미국은 **콜롬부스에 의해** 발견되었다.
>
> 2) La nostra città è rovinata **dall'inquinamento.**
>
> La nostra città: 주어
> è rovinata: 동사적 술어
> **dall'inquinamento: 동인 보어**
> 해석: 우리 도시는 **오염에 의해** 파손되었다.

위 문장에서 알 수 있듯이 문장에서 동사의 행위가 주어에 의해서가 아니라 보어에 의해서 실제로 발생할 경우, 이 보어를 '행위자 보어'[사람 또는 동물에 의해 행위가 이루어 질 때-1)의 경우] 또는 '동인 보어'[사물에 의해 행위가 이루어 질 때-2)의 경우]라고 한다.

이 보어의 형태는 **항상 수동태 형태로 표현**되어 <da(또는 da+관사)+명사>의 형태를 취하며, "누구에 의해서?(da chi?)", "무엇에 의해서?(da che cosa?)"라는 질문에 대한 대답이다. 수동태 문장에서 행위자 보어는 막연한 사람을 나타내거나 문장에서 그 행위자를 충분히 추측할 수 있을 때는 생략될 수 있다.

예:
능동태: Mario ha comprato questa penna.

Mario: 주어/ ha comprato: 동사적 술어/ questa: 직접 보어의 속사
/ penna: 직접 보어. 해석: Mario는 이 펜을 구입했다.

수동태: Questa penna è stata comprata da Mario.
Questa: 주어의 속사/ penna: 주어/ è stata comprata: 동사적 술어
/ **da Mario: 행위자 보어**. 해석: 펜은 Mario에 의해 구입되었다.

* 위의 예에서 보듯이 **능동태의 주어는 수동태에서 행위자 보어**가 된다.

문제 1 다음 문장에서 행위자 보어 또는 동인 보어를 찾아 표시하고, 우리말로 해석하시오.

1) La casa è distrutta dalla tempesta.
2) Mario è lodato dal maestro.
3) Appena l'ha vista, Marco è stato attratto da quella ragazza.
4) I castelli erano spesso circondati da un profondo fossato.
5) Una valanga è caduta e tre sciatori ne sono stati travolti.

문제 1 정답

1) dalla tempesta. 동인 보어. 해석: 집은 태풍에 의해 부서졌다.
2) dal maestro. 행위자 보어. 해석: Mario는 선생님으로부터 칭찬을 받았다.
3) da ragazza. 행위자 보어(quella: 행위자 보어의 속사).
   해석: 그녀를 보자마자, Marco는 그녀에게 매료되었다.
4) da un fossato. 동인 보어(profondo: 동인 보어의 속사).
   해석: 성(城)들은 종종 깊은 도랑에 의해 둘러싸였다.
5) ne. 동인 보어. 눈사태가 나자 세 명의 스키어가 그것에 의해 휩쓸렸다.

문제 2 다음 문장을 논리적으로 분석하고, 우리말로 **해석**하시오.

1) Marco fu applaudito dal pubblico.
2) Romolo e Remo furono allattati da una lupa.
3) L'universo è stato creato da Dio.

4) Le poesie di Anna sono state premiate dalla giuria.
5) Molti palazzi sono stati distrutti dal terremoto.

> 문제 2 정답

1) Marco: 주어/ fu applaudito: 동사적 술어/ dal pubblico: 행위자 보어
   해석: Marco는 관중으로부터 박수를 받았다.
2) Romolo e Remo: 주어/ furono allattati: 동사적 술어/ da una lupa: 행위자 보어
   해석: 로몰로와 레모는 암늑대에 의해 수유되었다.
3) L'universo: 주어/ è stato creato: 동사적 술어/ da Dio: 행위자 보어
   해석: 우주는 하느님에 의해 창조되었다.
4) Le poesie di Anna: 주어/ sono state premiate: 동사적 술어/ dalla giuria: 행위자 보어
5) Molti: 주어의 속사/ palazzi: 주어/ sono stati distrutti: 동사적 술어/ dal terremoto: 동인 보어.
   해석: 많은 건물들이 지진에 의해 파괴되었다.

> 문제 3 │ 다음 문장을 행위자 보어 또는 동인 보어를 사용하여 이탈리아어로 작문하시오.

1) 지구는 태양에 의해 비춰진다.
2) 나무들은 태풍에 의해서 뿌리가 뽑혀졌다.
3) 내 모자는 바람에 의해 날려갔다.
4) 아이는 어머니에 의해 돌보아진다.
5) 많은 불멸의 작품들은 천재인 Leonardo da Vinci에 의해서 만들어졌다.

> 문제 3 정답

1) La terra è illuminata dal sole.
2) Gli alberi vennero sradicati dal tifone.
3) Il mio cappello è stato portato via dal vento.
4) Il bambino è curato dalla madre.
5) Molte opere immortali sono state prodotte dal genio di Leonardo da Vinci.

⑪. 재료 보어(Complementi di materia)

> Questa scala è **di marmo.**
>
> Questa: 주어의 속사
> scala: 주어
> è: 동사적 술어
> **di marmo: 재료 보어**
> 해석: 이 계단은 **대리석으로** 만들어졌다.

위 문장에서 보듯이 재료 보어는 물건이 어떤 재료(원료 혹은 요소)로 구성되어 있는가를 나타내는 보어이다.
<di 혹은 in+명사> 형태를 취하며, "어떤 재료로?(di quale materia?)", "무엇으로?(di che cosa?)"라는 질문에 대한 대답이다.

Marco mi ha regalato un anello **d'oro.**
Marco: 주어/ mi: 대상 보어/ ha regalato: 동사적 술어/ un anello: 직접 보어/ d'oro: 재료 보어.
해석: Marco는 내게 금반지를 선물했다.

* 재료 보어는 **상징적인 의미**로도 사용될 수 있다.
Anna ha dimostrato un cuore **di pietra.**
Anna: 주어/ ha dimostrato: 동사적 술어 un cuore: 직접 보어/ **di pietra: 재료 보어.**
해석: Anna는 **강한 마음**을 보여주었다.(직역: Anna는 돌로 된 마음을 보여주었다.)

[문제 1] 다음 문장에서 재료 보어를 찾아 표시하고, 우리말로 해석하시오.

1) Mia madre sta preparando delle squisite torte di mele.
2) Nella chiesa c'è un crocifisso di legno di grande valore.
3) In un raffinato negozio ho comprato dei bicchieri di cristallo.
4) Davanti al portale ci sono delle statue in bronzo.
5) Lui ha una voce di metallo.

문제 1 정답

1) di mele. 해석: 내 어머니는 맛있는 사과 케이크를 준비하고 있는 중이다.
2) di legno. 해석: 성당에는 매우 귀중한 나무 십자가가 있다.
3) di cristallo. 해석: 나는 세련된 상점에서 크리스털 컵을 구입했다.
4) in bronzo. 해석: 대문 앞에는 동으로 된 조각상들이 있다.
5) di metallo. 해석: 그는 금속 같은 목소리를 가지고 있다.

문제 2 다음 문장을 논리적으로 분석하고, 우리말로 해석하시오.

1) Il mio orologio è d'oro.
2) Metto l'abito di lana.
3) Anna ha comprato delle scarpe di pelle.
4) Mia figlia ha una collezione di bambole in legno.
5) Mio padre ha portato dall'India una statuetta d'avorio.

문제 2 정답

1) Il mio orologio: 주어(mio: 주어의 속사)/ è: 동사적 술어/ d'oro.: 재료 보어
   해석: 내 시계는 금으로 만들어졌다.
2) (Io): 내포 주어/ Metto: 동사적 술어/ l'abito: 직접 보어/ di lana: 재료 보어.
   해석: 나는 울(wool)로 만들어진 정장을 입는다.
3) Anna: 주어/ ha comprato: 동사적 술어/ delle scarpe: 직접 보어/ di pelle: 재료 보어.
   해석: Anna는 가죽 구두를 구입했다.
4) Mia: 주어의 속사/ figlia: 주어/ ha: 동사적 술어/ una collezione: 직접 보어/ di bambole: 특성화 보어/ in legno: 재료 보어.
   해석: 내 딸은 나무 인형 컬렉션을 가지고 있다.
5) Mio padre: 주어/ ha portato: 동사적 술어/ dall'India: 장소 보어/ una statuetta: 직접 보어/ d'avorio: 재료 보어.
   해석: 내 아버지는 인디아에서 아이보리로 만든 작은 동상을 가져왔다.

문제 3] 다음 문장을 재료 보어를 사용하여 이탈리아어로 작문하시오.

1) 삼베로 만들어진 옷들은 매우 시원하다.
2) 내 부모님들은 내게 가죽으로 만들어진 핸드백을 선물했다.
3) 나는 나무로 만들어진 탁자를 구입했다.
4) 원시인들은 돌로 만들어진 무기를 사용했다.
5) 인간은 영혼과 육신으로 구성되어있다.

문제 3 정답

1) Gli abiti di lino sono molto freschi.
2) I miei genitori mi hanno regalato una borsetta di pelle.
3) Ho comprato un tavolo di legno.
4) Gli uomini primitivi usavano armi di pietra.
5) Gli uomini sono formati di anima e di corpo.

⑫. 비교 보어(Complementi di paragone)

> Carlo è più alto **di Mario.**
>
> Carlo: 주어
> è più alto: 명사적 술어(è : 연결어, più alto: 명사부)
> **di Mario:** 비교 보어
> 해석: Carlo는 **Mario보다** 더 크다.

위 문장에서 보듯이 비교 보어는 사람 또는 사물끼리의 비교 관계를 표현하는 보어이다. 위 문장의 경우를 살펴보면 Carlo와 Mario를 대상으로 놓고 두 사람의 키를 비교하는 것이다. 이 때 앞에 오는 Carlo는 '첫 번째 비교 요소'(primo termine di paragone)이며, 나중에 오는 Mario는 '두 번째 비교요소'(secondo termine di paragone)이다. 바로 이 두 번째 비교 요소가 비교 보어이다. 두 비교 요소 사이에는 '우등 비교', '열등 비교', '동등 비교'의 관계가 존재한다.

우등 비교는 <più ~ di>, 열등 비교는 <meno ~ di>, 동등 비교는 <così ~ come>, <tanto ~ quanto> 등의 형태를 취한다.

"누구 보다?(di chi?)", "무엇 보다?(di che cosa?)", "누구만큼?(come chi?)", "무엇만큼?(come

che cosa?)"라는 질문에 대한 대답이다.
전치사 di, 접속사 che, come, 부사 quanto를 사용한다.

Maria è più simpatica **di Anna**.
Maria: 주어/ è più simpatica: 명사적 술어/ **di Anna**: 비교보어
해석: Maria는 Anna보다 더 마음씨가 좋다.

문제 1 다음 문장에서 비교 보어를 찾아 표시하고, 우리말로 해석하시오.

1) Il pino è più alto del ciliegio.
2) Il ferro è più utile dell'oro.
3) Marco è così generoso come gentile.
4) Febbraio è il mese più corto dell'anno.
5) I film in televisione risultano meno interessanti di quelli al cinema.

문제 1 정답

1) del ciliegio. 해석: 소나무는 체리나무보다 더 크다.
2) dell'oro. 해석: 철(鐵)은 금(金)보다 더 유용하다.
3) come gentile. 해석: 마르코는 친절한 것만큼 인자하다.
4) dell'anno. 해석: 2월은 1년 중에서 가장 짧은 달이다.
5) di quelli al cinema. 해석: 텔레비전에서의 영화는 극장에서의 영화 보다 덜 재미있다.

문제 2 다음 문장을 논리적으로 분석하고, 우리말로 해석하시오.

1) Il mio disegno è più bello del tuo.
2) I cani sono più intelligenti dei gatti, ma meno veloci.
3) La danza mi piace come la musica.
4) Clara è tanto studiosa quanto buona.
5) Mario è alto quanto me.

문제 2 정답

1) Il disegno: 주어/ mio: 주어의 속사/ è più bello: 명사적 술어/ del tuo: 비교보어
   해석: 내 그림이 네 것(그림) 보다 더 멋있다.
2) I cani: 주어/ sono più intelligenti: 명사적 술어/ dei gatti: 비교보어
   해석: 개들은 고양이들 보다 더 영리하다.
3) La danza: 주어/ mi: 간접 목적 보어/ piace: 동사적 술어/ come la musica: 비교보어
   해석: 나는 음악만큼 춤도 좋아한다.
4) Clara: 주어/ è tanto studiosa: 명사적 술어/ quanto buona: 비교보어
   해석: Clara는 착한 것만큼 공부도 열심히 한다.
5) Mario: 주어/ è alto: 명사적 술어/ quanto me: 비교보어
   해석: Mario는 나만큼 크다.

문제 3 다음 문장을 비교 보어를 사용하여 이탈리아어로 작문하시오.

1) 달은 지구보다 더 작다.
2) Mario는 그의 여동생만큼 부지런하다.
3) 다이아몬드는 금보다 더 비싸다.
4) Roberta는 똑똑하기보다 더 예쁘다.
5) 파스타는 고기보다 더 맛있다.

문제 3 정답

1) La luna è più piccola della terra.
2) Mario è (tanto) diligente quanto sua sorella.
3) Il diamante è più caro dell'oro.
4) Roberta è più bella che intelligente.
5) La pasta è più buona della carne.

⑬. 특정화 보어(Complementi di specificazione)

> Il padre **di Mario** fa l'insegnante.
>
> Il padre: 주어
> **di Mario**: 특정화 보어
> fa: 동사적 술어
> l'insegnante: 직접 보어
> 해석: **Mario의** 아버지는 선생님이다.

위의 문장에서 특정화보어인 'di Mario(Mario의)'를 첨가함으로써, '아버지'는 아버지인데 'Mario'의 아버지라는 것을 더욱 정확히 하는 역할을 한다. 즉, 특정화보어는 다른 명사의 일반적인 의미를 더욱 특정하게 지시하는 보어이다.

특정화보어는 <전치사 di (혹은 di+관사)+명사>의 형태를 취하며, di 앞의 명사 혹은 형용사를 더 정확히 나타낸다. '누구의(di chi)?', '무엇의(di che cosa)?'의 질문에 대한 대답이며, 다음과 같은 의미를 지닌다.

1) 사물의 소유: L'auto **di Maria** è nuovissima.
   Maria의 자동차는 매우 새것이다.
2) 작품의 저자: *La Divina Commedia* **di Dante** è conosciuta in tutto il mondo.
   Dante의 신곡은 전 세계에 알려졌다.
3) 유래: Una donna **di Venezia** sta cercando tua sorella.
   베네치아에서 온 어떤 여자가 네 여동생을 찾고 있다.
4) 명시: Seguo un corso **di canto.**
   나는 노래 코스를 수강하고 있다.
5) 부가: Le ore **della notte** sono le mie preferite.
   밤 시간이 내가 선호하는 시간이다.

* '특정화 보어'는 '주격 특정화 보어', '목적격 특정화 보어'로 구분하기도 한다.
1) 주격 특정화 보어: 문장을 변경했을 경우, 특정화 보어가 '주어'의 기능을 할 때.
   la bellezza **di Maria** -> **Maria** è bella.
   Maria의 아름다움 -> **Maria**는 아름답다.
2) 목적격 특정화보어: 문장을 변경했을 경우 특정화 보어가 '목적 보어'의 기능을 할 때.
   il desiderio **di bellezza** -> desiderare **la bellezza**

아름다움의 추구 -> 아름다움을 추구하다.

* '특정화 보어'를 부분관사가 사용되는 '주어' 혹은 '부분 목적 보어'와 혼동하지 않아야 한다.
Ho mangiato tutta la confezione **di cioccolatini**.(특정화 보어)
나는 초콜릿 한 상자를 모두 먹었다.

Ho mangiato **di cioccolatini**.(부분 목적 보어)
나는 약간의 초콜릿을 먹었다.

Sono stati offerti **dei cioccolatini** agli invitati.(주어)
약간의 초콜릿이 손님들에게 제공되었다.

문제 1 다음 문장에서 특정화 보어를 찾아 표시하고, 우리말로 **해석**하시오.

1) Il gatto di Mario è nero.
2) Amo il profumo della rosa.
3) Oggi l'acqua della piscina è freddissima.
4) I concetti della grammatica non sempre sono facili.
5) La prospettiva del vostro futuro non è così negativa.

문제 1 정답

1) di Mario. Mario의 고양이는 검은색이다.
2) della rosa. 나는 장미의 향기를 매우 좋아한다.
3) della piscina. 오늘 수영장의 물이 매우 차갑다.
4) della grammatica. 문법의 개념이 언제나 쉬운 것은 아니다.
5) del vostro futuro. 너희들의 미래 전망은 그렇게 부정적이지 않다.

문제 2 다음 문장을 논리적으로 분석하고, 우리말로 해석하시오.

1) Quella casa in montagna è dello zio di Mario.
2) Il traffico della città è sempre più caotico.

3) Il tramonto del sole è stupendo.

4) La luce della luna si rifletteva nell'acqua.

5) Maria è arrivata nel negozio dieci minuti prima dell'orario di chiusura.

> 문제 2 정답

1) Quella: 속사/ casa: 주어/ in montagna: 장소보어/ è: 동사적 술어(소유를 나타내기 때문에) /dello zio: 특정화보어/ di Mario: 특정화보어

해석: 산에 있는 저 집은 Mario의 삼촌 것이다.

2) Il traffico: 주어/ della città: 특정화 보어/ è sempre più caotico: 명사적 술어

3) Il tramonto: 주어/ del sole: 특정화보어/ è stupendo: 명사적 술어

해석: 태양이 지는 것은 정말 멋있다.

4) La luce: 주어/ della luna: 특정화 보어/ si rifletteva: 동사적 술어 /nell'acqua: 장소 상태보어. 해석: 달빛이 물에 반사되고 있었다.

5) Maria: 주어/ è arrivata: 동사적 술어/ nel negozio: 장소로의 이동보어 /dieci minuti prima dell'orario: 시간 보어/ di chiusura: 특정화 보어.

해석: Maria는 문 닫기 10분 전에 가게에 도착했다.

> 문제 3 다음 문장을 특정화 보어를 사용하여 이탈리아어로 작문하시오.

1) 나는 Paolo의 책을 발견했다.
2) 어제 Anna의 엽서가 이탈리아로부터 도착했다.
3) 가을바람이 노랗게 변한 모든 나뭇잎들을 날려버렸다.
4) 내 교실의 창문들은 아름다운 정원 쪽으로 나있다.
5) 제 3 세계 국가들의 경제 상황이 매우 좋지 않다.

> 문제 3 정답

1) Ho trovato il libro di Paolo.

2) Ieri la cartolina di Anna è arrivata dall'Italia.

3) Il vento dell'autunno ha spazzato via tutte le foglie ingiallite degli alberi.

4) Le finestre della mia classe danno su un bel giardino.

5) La situazione economica dei Paesi del Terzo Mondo è piuttosto critica.

⑭. 대상 보어(Complementi di termine)

> Mario regala una rosa **a Roberta.**
>
> Mario: 주어
> regala: 동사적 술어
> una rosa: 직접 보어
> **a Roberta: 간접 보어(대상 보어)**
> 해석: Mario는 **Roberta에게** 장미 한 송이를 선물한다.

위 문장에서 보듯이 대상보어는 동사에 의해 지시된 행동이 끝나는 대상(사람, 동물, 사물)을 나타내는 보어이다. <a(또는 a+관사)+명사> 형태를 취하며, "~에게?(A chi?)" 혹은 "무엇에?(A che cosa?)"라는 질문에 대한 대답이다. 간접목적인칭대명사 약형(mi, ti, gli, le, Le, ci, vi, gli) 앞에는 전치사 a를 사용하지 않는다.

문제 1 다음 문장에서 대상 보어(간접보어)를 찾아 표시하고, 우리말로 해석하시오.

1) Carlo presta un libro a Maria.
2) Mi piace comprare giornali.
3) Anna è grata a sua madre.
4) Vuoi dare un altro calcio al pallone?
5) Ieri Carla ha consegnato gli inviti a tutti i suoi compagni.

문제 1 정답

1) a Roberta. Carlo는 Maria에게 책을 빌려준다.
2) Mi. 나는 신문 구입하는 것을 좋아한다.
3) a sua madre. Anna는 그녀의 어머니에게 감사한다.
4) al pallone. 너는 공을 한 번 더 차고 싶니?
5) a tutti i suoi compagni. 어제 Carla는 그녀의 모든 친구들에게 초대장을 보냈다.

문제 2 │ 다음 문장을 논리적으로 분석하고, 우리말로 해석하시오.

1) Darò il mio disegno a Maria.
2) Maria mi ha regalato un libro.
3) Paolo è grato al suo professore.
4) Mi serve una macchina uguale a questa.
5) La partecipazione al seminario è riservata ai soli iscritti al corso d'italiano.

문제 2 정답

1) (Io): 내포 주어/ Darò : 동사적 술어/ il disegno: 직접 보어/ mio: 속사/ a Maria: 대상보어.
   해석: 나는 내 그림을 Maria에게 줄 것이다.
2) Maria: 주어/ mi: 대상 보어/ ha regalato: 동사적 술어/ un libro: 직접 보어.
   해석: Maria는 내게 책을 선물했다.
3) Paolo: 주어/ è grato : 명사적 술어/ al suo professore: 대상보어(suo: 대상 보어의 속사).
   해석: Paolo는 그의 선생님에게 고마움을 표했다.
4) Mi: 대상 보어/ serve: 동사적 술어/ una macchina uguale: 주어(uguale: 주어의 속사)/ a questa: 대상 보어. 해석: 내게는 이것과 똑같은 자동차가 필요하다.
5) La partecipazione: 주어/ al seminario: 대상보어/ è riservata: 명사적 술어/ ai iscritti: 대상보어/ soli: 대상보어의 속사/ al corso: 대상보어/ d'italiano: 특정화보어. 해석: 세미나에 참석하는 것은 이탈리아어 코스에 등록한 사람들에게만 한정되었다.

문제 3 │ 다음 문장을 대상 보어를 사용하여 이탈리아어로 작문하시오.

1) 나는 그에게 진실을 말했다.
2) Maria는 영어 코스에 등록했다.
3) 휴가 때에 나는 일에 대해 전혀 생각하지 않는다.
4) 어제 나는 내 누나에게 선물할 책을 구입했다.
5) 나는 내 어머니에게 가서 그녀에게 모든 진실을 말할 것이다.

> **문제 3 정답**

1) Gli ho detto la verità.
2) Maria si è iscritta ad un corso d'inglese.
3) Quando sono in vacanza non penso mai al lavoro.
4) Ieri ho comprato un libro da regalare a mia sorella.
5) Andrò da mia madre e le dirò tutta la verità.

⑮. 명명 보어(Complementi di denominazione)

La città **di Firenze** è molto bella.

La città: 주어
di Firenze: 명명 보어
è bella: 명사적 술어.(è: 연결어/ molto: 명사적 술어의 속사/ bella: 명사부)
해석: Firenze 시는 매우 아름답다.

위 문장에서 보듯이 명명(명칭) 보어는 사람, 동물, 사물에 이름을 부여한 것으로, 특정한 이름으로 일반적인 이름을 정의하는 보어이다. 형태는 '전치사 di(혹은 di+관사) + 도시 이름, 지방 이름, 사람의 성과 이름, 사람의 별명, 달(月), 산, 강 이름' 등이다.

'어느 이름으로?(di quale nome?)'라는 질문에 대한 대답이다. 명명(명칭) 보어는 '~라고 불리는', '~라는'으로 해석되기 때문에, '~의'라고 해석되는 특정화 보어와 구별할 수 있다.

la città **di Milano**, il regno **di Savoia**, il mese **di agosto**

* 명명(명칭)보어와 특정화 보어를 혼동해서는 안 된다.
La città **di Roma** si trova nel Lazio. (명명 보어)
로마시는 라치오에 있다. (로마는 도시 이름)

Fiumicino è un quartiere **di Roma**. (특정화 보어)
피우미치노는 로마의 구역이다. (로마는 구역이 아님)

문제 1 다음 문장에서 명칭보어를 찾아 표시하고, 우리말로 해석하시오.

1) la città di Roma.
2) il comune di Greve in Chianti
3) Il giorno di domenica è festivo.
4) Nel mese di marzo comincia la primavera.
5) I greci vinsero i Persiani presso l'isola di Salamina.

문제 1 정답

1) di Roma. 해석: 로마시
2) di Greve in Chianti. 해석: 그레베 인 키안티 코뮤네
3) di domenica. 해석: 일요일은 휴일이다.
4) di marzo. 해석: 3월에 봄이 시작된다.
5) di Salamina. 석: 그리스인들은 살라미나 섬 근처에서 페르시아인들을 무찔렀다.

문제 2 다음 문장에서 명명(명칭) 보어와 특정화 보어를 구별하여 표시하고 우리말로 해석하시오.

1) La stagione dell'autunno è la più bella dell'anno in Corea.
2) Giuseppe Garibaldi organizzò la spedizione dei Mille.
3) Il quartiere di Brera è un quartiere centrale di Milano.
4) Il nome di Dante è famoso.
5) Alla Galleria degli Uffici nella città di Firenze, si può ammirare la primavera del Botticelli.

문제 2 정답

1) dell'autunno: 명명(명칭) 보어
   해석: 가을은 한국에서 연중 제일 아름답다.
2) dei Mille: 특정화 보어
   해석: 쥬셉페 가리발디는 천인대의 파견을 조직했다.
3) di Brera: 명명(명칭) 보어/ di Milano: 특정화 보어.

해석: 브레라 구역은 밀라노의 중심 구역이다.
4) di Dante: 명명(명칭) 보어
해석: 단테라는 이름은 유명하다.
5) degli Uffici: 명칭보어, di Firenze: 명칭보어, del Botticelli: 특정화보어
해석: 피렌체 시의 우피치 박물관에서 보테첼리의 봄을 감상할 수 있다.

문제 3 다음 문장을 분석하시오.

1) L'isola di Sicilia è grande.
2) La città di Venezia è bellissima.
3) Il nome di Dante è illustre.
4) Ho lasciato la mia borsetta a casa di Maria.
5) A Sanremo si svolge annualmente il Festival della canzone italiana.

문제 3 정답

1) L'isola: 주어/ di Sicilia: 명명(명칭) 보어/ è grande: 명사적 술어.
   해석: 시칠리아 섬은 크다.
2) La città: 주어/ di Venezia: 명명(명칭) 보어/ è bellissima: 명사적 술어
   해석: 베네치아는 최고로 아름답다.
3) Il nome: 주어/ di Dante : 명명(명칭) 보어/ è illustre: 명사적 술어
   해석: 단테는 고귀하다
4) (io): 내포 주어/ Ho lasciato: 동사적 술어/ la borsetta: 직접 목어(mia: 직접 보어의 속사)
   /a casa: 장소 보어/ di Maria: 특정화 보어
   해석: 나는 내 핸드백을 Maria의 집에 놔뒀다.
5) A Sanremo: 장소 보어/ si svolge: 동사적 술어/ annualmente: 시간 보어/ il Festival: 주어
   /della canzone: 특정화 보어(italiana: 특정화 보어의 속사)
   해석: Sanremo에서는 매년 이탈리아 칸초네 축제가 개최된다.

문제 4 다음 문장을 명명(명칭) 보어를 사용하여 이탈리아어로 작문하시오.

1) 1월은 매우 춥다.

2) 작년에 나는 Capri 섬을 방문했다.
3) 8월에 많은 사람들이 휴가를 간다.
4) 조선 왕조는 매우 오래되었다.
5) Marco Polo 공항은 쉽게 도달할 수 있다.

> 문제 4 정답

1) Il mese di gennaio è molto freddo.
2) L'anno scorso ho visitato l'isola di Capri.
3) Nel mese di agosto molti vanno in vacanza.
4) Il regno di Chosun è antichissimo.
5) L'aeroporto di Marco Polo è facilmente raggiungibile.

⑯. 첨가 보어(Complementi di aggiunzione)

Oltre all'inglese, Luisa sa il tedesco.

Oltre all'inglese: 첨가보어
Luisa: 주어
sa: 동사적 술어
il tedesco: 직접 보어
해석: Luisa는 **영어 외에도** 독일어를 안다.

"누구 외에도?", "무엇 외에도?"라는 질문에 대한 대답이다.
위의 예에서 보듯이 **첨가 보어**는 술어 또는 문장 전체에 표현된 것에 더 첨가되는 사람 또는 사물을 지시하는 보어이다.   <oltre; al di là; con l'aggiunta di+명사 혹은 대명사> 형태를 취한다.

Oltre ai fiori, le ho dato un bel regalo.
Oltre ai fiori: 첨가 보어/ (Io): 내포 주어/ le: 간접 보어/ ho dato: 동사적 술어
/un regalo: 직접 보어/ bel: 직접 보어의 속사
해석: 나는 꽃 외에도 멋있는 선물을 그녀에게 주었다.

문제 1 다음 문장에서 첨가 보어를 찾아 표시하고, 우리말로 해석하시오.

1) Oltre ai gatti, c'erano anche i cani.
2) Siamo in quattro con il bambino.
3) Oltre alle medicine ti servirà anche un po' di riposo.
4) Al di là della sua famiglia non si preoccupava di nessuno.
5) Oltre a se stesso Anna non prende in considerazione nessun altro.

문제 1 정답

1) Oltre ai gatti. 해석: 고양이 외에 개도 있었다.
2) con il bambino. 해석: 아이를 합해 우리는 4명이다.
3) Oltre alle medicine. 해석: 약 외에도 네게는 약간의 휴식이 필요할 것이다.
4) Al di là della sua famiglia.
   해석: 그는 자신의 가족 외에 어느 누구에 대해서도 걱정하지 않았다.
5) Oltre a se stesso. 해석: Anna는 자신 외에 다른 어떤 사람도 고려하지 않는다.

문제 2 다음 문장을 논리적으로 분석하고, 우리말로 해석하시오.

1) Chi è venuto oltre a te?
2) Oltre al vino, bevo la birra.
3) Oltre alle forchette, mancano anche i piatti.
4) Oltre a te non voglio nessun altro in questa casa.
5) In aggiunta alla pioggia, c'è stato un vento fortissimo.

문제 2 정답

1) Chi: 주어/ è venuto: 동사적 술어/ oltre a te: 첨가 보어. 해석: 너 외에 누가 왔니?
2) Oltre al vino: 첨가 보어/ bevo: 동사적 술어/ la birra: 직접 보어.
   해석: 나는 와인 외에 맥주도 마신다.
3) Oltre alle forchette: 첨가 보어/ mancano: 동사적 술어/ anche i piatti: 주어.
   해석: 포크 외에 접시도 부족하다.

4) Oltre a te: 첨가 보어/ non voglio: 동사적 술어/ nessun: 직접 보어/ altro: 직접 보어의 속사 / in casa: 장소 보어. questa: 장소 보어의 속사.
해석: 나는 이 집에 너외에 다른 어느 누구도 원하지 않는다.

5) In aggiunta alla pioggia: 첨가보어/ c'è stato: 동사적 술어/ un vento: 직접 보어/ fortissimo: 직접 보어의 속사. 해석: 지난주에는 비에다가 거센 바람이 있었다.

문제 3 다음 문장을 첨가 보어를 사용하여 이탈리아어로 작문하시오.

1) 나는 너 외에도 Mario를 항상 생각한다.(oltre a 사용)
2) 비와 더불어 강한 바람도 불었다.(In aggiunta a 사용)
3) 나는 아이스크림 외에도 커피를 마셨다.(oltre a 사용)
4) Mario는 월급 외에 여러 일에서 소득을 올린다.(oltre a 사용)
5) 어제 나는 일상적인 피곤함 외에 배도 아팠다.(In aggiunta a 사용)

문제 3 정답

1) Oltre a te, penso sempre a Mario.
2) In aggiunta alla pioggia, c'è anche stato un vento forte.
3) Oltre al gelato, ho preso un caffè.
4) Oltre allo stipendio, Mario guadagna anche da vari lavori.
5) In aggiunta alla solita stanchezza ieri avevo anche mal di pancia.

⑰. 대체 보어(Complementi di sostituzione o scambio)

> **Invece del caffè,** prenderò un gelato.
>
> **Invece del caffè: 대체 보어**
> (io): 내포 주어
> prenderò: 동사적 술어
> un gelato: 직접 보어
> 해석: 나는 **커피 대신에** 아이스크림을 먹겠다.

<per; con; invece di; al posto di+명사 혹은 대명사 혹은 부정사> 형태를 취한다.
"누구 대신에?(al posto di chi?)", "무엇 대신에?(invece di che cosa?)"에 대한 대답이다.

* 제외(배제) 보어, 동반 보어, 대체(교환) 보어의 비교.
제외보어와 동반보어는 서로 반대의 의미라고 생각하면 된다.

a) Siamo andati al cinema **con Paola. 동반보어**
   (Noi): 내포 주어/ Siamo andati: 동사적 술어/ al cinema: 장소로의 이동보어/ **con Paola 동반보어.**
   해석: 우리는 Paola와 함께 극장에 갔다.

b) Siamo andati al cinema **eccetto Paola.** 제외보어
   (Noi): 내포 주어/ Siamo andati: 동사적 술어/ al cinema: 장소로의 이동보어/ **eccetto Paola. 제외보어.**
   해석: 우리는 Paola를 제외하고 극장에 갔다.

c) Siamo andati al cinema **con Roberta invece di Paola.** 동반보어/ 대체(교환) 보어
   (Noi): 내포 주어/ Siamo andati: 동사적 술어/ al cinema: 장소로의 이동보어/ **con Roberta/ 동반보어/ invece di Paola 대체(교환) 보어.**
   해석: 우리는 Paola 대신에 Roberta와 함께 극장에 갔다.

문제 1 다음 문장에서 대체(교환) 보어를 찾아 표시하고, 우리말로 해석하시오.

1) Verrò al posto di mia sorella.
2) Al buio, ho preso mio fratello per un ladro.
3) In luogo del concerto, si terrà un teatro.
4) Per il governo, era presente il Ministro della cultura.
5) Mario sta parlando per tutti gli studenti della sua classe.

문제 1 정답

1) al posto di mia sorella. 해석: 내가 내 누나 대신 갈 것이다.
2) per un ladro. 해석: 어둠 속에서 나는 도둑 대신에 내 형을 잡았다.
3) In luogo del concerto. 해석: 음악회 대신에 연극이 공연될 것이다.
4) Per il governo. 해석: 정부를 대신하여 문화부 장관이 참석했다.
5) per tutti gli studenti. 해석: Mario가 그의 학급 학생들을 대신해서 말하고 있다.

문제 2 다음 문장을 논리적으로 분석하고, 우리말로 해석하시오.

1) Invece di partire, tutti sono rimasti a casa.
2) Cambierò questo golf con quello.
3) Invece della pasta, vorrei una buona pizza.
4) Per chi mi prendi?
5) È venuto il vice presidente in luogo del presidente.

문제 2 정답

1) Invece di partire: 대체보어/ tutti: 주어/ sono rimasti: 동사적 술어/ a casa: 장소 상태 보어. 해석: 모든 사람은 떠나는 대신 집에 남아 있었다.
2) (Io): 내포 주어/ Cambierò: 동사적 술어/ questo: 직접 보어의 술어/ golf: 직접 보어/ con quello: 대체(교환)보어. 해석: 나는 이 스웨터를 저 것으로 교환할 것이다.
3) Invece della pasta, 대체 보어/ (Io): 내포 주어/ vorrei: 동사적 술어/ una pizza: 직접 보어 / buona: 직접 보어의 속사. 해석: 나는 파스타 대신에 맛있는 피자를 원한다.
4) Per chi: 대체 보어/ (tu): 내포 주어/ mi: 직접 보어/ prendi: 동사적 술어. 해석: 누구를 대신해서 너는 나를 붙잡지?
5) È venuto: 동사적 술어/ il vice presidente: 주어/ in luogo del presidente: 대체 보어/ 해석: 사장 대신에 부사장이 왔다.

문제 3 다음 문장을 대체 보어를 사용하여 이탈리아어로 작문하시오.

1) Maria 대신 나는 너를 선택한다.
2) 나는 고기 대신에 파스타 한 접시를 원한다.
3) 너는 나를 다른 사람과 혼동한다.
4) 나는 그에게 꽃 대신에 책을 선물할 것이다.
5) 모두가 휴가 중이어서 나는 두 사람을 대신해서 일을 할 수 밖에 없다.

문제 3 정답

1) Al posto di Maria, scelgo te.
2) Vorrei un piatto di pasta invece della carne.

3) Mi confondi con un altro.
4) Gli regalerò un libro invece dei fiori.
5) Sono tutti in ferie e io sono costretto a lavorare per due persone.

⑱. 한정 보어(Complementi di limitazione)

> Mario è più bravo di me <u>in italiano</u>.
>
> Mario: 주어
> è più bravo: 명사적 술어
> di me: 비교 보어
> **in italiano: 한정 보어**
> 해석: Mario는 **이탈리아어에 한해서** 나보다 더 잘한다.
> * Mario가 나보다 모든 과목을 다 잘한다는 것이 아니라 이탈리아어에 있어서만 잘한다는 의미를 표현한다.

위 문장에서 보듯이 한정 보어는 전체가 아니라 어느 한 부분에 한정하여 구별되는 내용(materia)을 나타내는 보어이다. 형식은 <전치사 a, da, in, per 또는 in quanto a, in fatto di, rispetto a, a giudicare da + 명사(명사로 사용된 품사)>이다. "무엇에 한정해서?(limitamente a che cosa?)"에 대한 대답으로, 해석은 '~에 한해서', '~에 한정해서', '~관해서만'로 한다. <Secondo me(내가 볼 때, 내 생각에), a mio giudizio(내 판단에), a mio parere(내가 볼 때), a livello~(~측면에서)> 등의 관용어구가 사용된다.

<u>Secondo me</u>, Anna è una brava ragazza.
Secondo me: 한정 보어/ Anna: 주어/ è una brava ragazza: 명사적 술어(è: 연결어/ brava: 명사적 술어의 속사/ una ragazza: 명사부)
해석: 내 생각에 Anna는 현명한 소녀이다.

문제 1 다음 문장에서 한정 보어를 찾아 표시하고, 우리말로 해석하시오.

1) A mio parere, Mario sta male.
2) Mario è forte di carattere.
3) Purtroppo, Anna è cieca di un occhio.
4) Riguardo a questo problema c'è un'unica soluzione.

5) A parere dei critici questo film non è un capolavoro.

> 문제 1 정답

1) A mio parere. 해석: 내가 볼 때 Mario는 몸이 좋지 않다.
2) di carattere. 해석: Mario는 성격이 강하다.
3) di un occhio. 해석: 불행히도 Anna는 한 쪽 눈이 보이지 않는다.
4) Riguardo a questo problema. 해석: 이 문제에 관한 유일한 해결책이 있다.
5) A parere dei critici. 해석: 비평가들에 따르면 이 영화는 걸작이 아니다.

> 문제 2 다음 문장을 논리적으로 분석하고, 우리말로 해석하시오.

1) Mario è un genio in inglese.
2) Per eleganza Anna non ha rivali.
3) A mio giudizio Maria è simpatica.
4) Hai ragione soltanto a parole.
5) Nessuno fu uguale a Cicerone in fatto di eloquenza.

> 문제 2 정답

1) Mario: 주어/ è un genio: 명사적 술어/ in inglese: 한정 보어.
   해석: Mario는 영어에 한해 천재이다.
2) Per eleganza: 한정 보어/ Anna: 주어/ non ha: 동사적 술어/ rivali: 직접 보어.
   해석: 우아함에 한해서 Anna는 경쟁자가 없다.
3) A mio giudizio Paola è simpatica.
   Maria: 주어/ è simpatica: 명사적 술어/ a mio giudizio: 한정 보어(mio: 한정 보어의 속사).
   해석: 내 판단에 Paola는 마음씨가 좋다.
4) Hai ragione soltanto a parole.
   (Tu): 내포 주어/ Hai : 동사적 술어/ ragione: 직접 보어/ soltanto a parole: 한정 보어.
   해석: 너는 말만 옳다(직역: 너는 말에만 정당함을 가지고 있다).
5) Nessuno: 주어/ fu uguale : 명사적 술어/ a Cicerone : 대상 보어/ in fatto di eloquenza: 한정 보어. 해석: 어느 누구도 웅변에 있어서는 Cicerone와 같은 사람은 아무도 없었다.

문제 3 다음 문장을 한정 보어를 사용하여 이탈리아어로 작문하시오.

1) Mario는 자유형만 잘 한다.(a 사용/ 자유형: stile libero)
2) Anna는 말만 잘한다.(a 사용)
3) 그는 겉으로만 온화하다.(in 사용)
4) 수학에 관한한 Anna는 나보다 더 잘한다.(in 사용)
5) 내 생각에 스테이크가 아직 안 익었다.(secondo 사용)

문제 3 정답

1) Mario nuota bene a stile libero.
2) Anna è brava a parole.
3) È docile solo in apparenza.
4) Anna è più brava di me in matematica.
5) Secondo me, la bistecca non è ancora cotta.

⑲. 기원 보어(Complementi di origine o provenienza)

> La lingua italiana deriva **dal latino.**
>
> La lingua italiana: 주어(italiana: 주어의 속사)/
> deriva: 동사적 술어/
> **dal latino: 기원(유래) 보어**
> 해석: 이탈리아어는 **라틴어로부터** 유래한다.

위에서 보듯이 기원(유래) 보어는 기원 혹은 유래를 나타내는 보어이다. <전치사 da+명사(또는 명사로 사용된 품사)> 혹은 <전치사 di(또는 di+관사)+명사> 형태를 취한다. "어디로부터?(da dove?", "누구로부터?(da chi?)", "무엇으로부터?(da che cosa?)"에 대한 대답이다. 유명한 예술가들의 경우 <예술가 이름+전치사 da+태어난 도시이름>의 경우로도 사용된다.

Leonardo da Vinci.
해석: 레오나르도 다 빈치(Vinci 마을 출신의 Leonardo).

Dante Alighieri discende da una nobile famiglia.
Dante Alighieri: 주어/ discende: 동사적 술어/ **da una nobile famiglia: 기원 보어**
해석: Dante Alighieri는 귀족 집안 출신이다.

Il tabacco è originario dell'America.
Il tabacco: 주어/ è originario: 명사적 술어/ **dell'America: 기원 보어**
해석: 담배는 미국이 원산지이다.

| 문제 1 | 다음 문장에서 기원(유래) 보어를 찾아 표시하고 우리말로 해석하시오.

1) Alessandro Manzoni era nativo di Milano.
2) La maschera di Pulcinella è originaria di Napoli.
3) Sono di famiglia nobile.
4) Questa è una macchina proveniente dall'Italia.
5) Solo dalla tua buona volontà potranno scaturire i maggiori cambiamenti.

| 문제 1 정답 |

1) di Milano. 해석: Alessandro Manzoni는 Milano 출신이다.
2) di Napoli. 해석: Pulcinella 가면은 Napoli에서 유래한다.
3) di famiglia nobile. 해석: 나는 귀족 집안 출신이다.
4) dall'Italia. 해석: 이것은 이탈리아에서 온 자동차이다.
5) dalla tua buona volontà. 해석: 단지 너의 좋은 의도로부터 많은 변화가 발생할 것이다.

| 문제 2 | 다음 문장을 논리적으로 분석하고, 우리말로 해석하시오.

1) I fiumi provengono dai monti.
2) Atena, dea greca della sapienza, nacque dal cervello di Giove.
3) Da chi hai ricevuto questa lettera?
4) Il formaggio proviene dal latte.
5) Leonardo da Vinci fu un grandissimo artista.

> 문제 2 정답

1) Ii fiumi : 주어/ provengono : 동사적 술어/ dai monti: 기원(유래) 보어
   해석: 강은 산으로부터 기원한다.
2) Atena: 주어/ dea: 주어의 동격/ greca: 주어의 동격의 속사/ della sapienza: 특정화 보어
   / nacque: 동사적 술어/ dal cervello: 기원 보어/ di Giove: 특정화 보어.
   해석: 그리스 지혜의 여신인 아테네는 제우스의 뇌에서 탄생했다.
3) Da chi: 기원(유래) 보어/ (tu): 내포 주어/ hai ricevuto: 동사적 술어/ questa lettera: 직접 보어? 해석: 너는 누구로부터 이 편지를 받았니?
4) Il formaggio: 주어/ proviene: 동사적 술어/ dal latte: 기원(유래) 보어.
   해석: 치즈는 우유에서 나온다.
5) Leonardo 주어/ da Vinci : 유래 보어/ fu un artista: 명사적 술어/ grandissimo: 명사적 술어의 속사. 해석: Leonardo da Vinci(Vinci 출신의 Leonardo는) 최고로 위대한 예술가였다.

> 문제 3 다음 문장을 기원(유래) 보어를 사용하여 이탈리아어로 작문하시오.

1) Firenze 출신의 내 사촌은 마음씨가 좋다.
2) 너는 어디 출신이니? 나는 서울 출신이다.
3) Mario의 가족은 밀라노가 고향이다.
4) Atena는 Giove의 뇌에서 태어났다. (뇌: cervello)
5) 많은 실수는 너의 과도한 믿음으로부터 유래한다.

> 문제 3 정답

1) Mio cugino di Firenze è simpatico.
2) Di dove sei? Sono di Seoul.
3) La famiglia di Mario è originaria di Milano.
4) Atena naque dal cervello di Giove.
5) Molti errori derivano dalla tua eccessiva fede.

⑳. 나이 보어(Complementi di età)

> **Ho un figlio di dieci anni.**
> (io): 내포 주어
> Ho: 동사적 술어
> un figlia: 직접 보어
> **di dieci anni: 나이 보어**
> 해석: 나는 10살짜리 아들이 있다.

"몇 살의?(di quanti anni)?", "몇 살에?(a quanti anni)?"라는 질문에 대한 대답으로, 사람 혹은 사물의 나이를 지시한다. 또한 누군가가 어떠한 행동을 완성한 나이를 지시하기도 한다. <정확한 나이를 지시할 경우에는 전치사 di, 대략적인 나이를 지시할 경우에는 전치사 su, 어떤 사람이 어떠한 행동을 완성한 나이를 지시할 경우에는 전치사 a 혹은 all'età di, intorno a> 등의 관용구를 사용한다.

Maria ha una bambina **di cinque mesi.**
(Io): 내포 주어/ Ho: 동사적 술어/ una bambina: 직접 보어/ **di cinque mesi: 나이 보어**
해석: Maria는 5개월 된 여자 아이가 있다.

문제 1] 다음 문장에서 나이 보어를 찾아 표시하고 우리말로 해석하시오.

1) Ho ventidue anni.
2) Arriva una signora sui cinquant'anni.
3) Il nonno di Maria è un signore di settant'anni.
4) Carlo è morto a 80 anni.
5) Maria ha cominciato a lavorare all'età di venticinque anni.

문제 1 정답

1) ventidue anni. 해석: 나는 스물 두 살이다.
2) sui cinquant'anni. 해석: 약 50대의 부인이 도착한다.
3) di settant'anni. 해석: Maria의 할아버지는 70살의 신사이다.
4) a 80 anni. 해석: Carlo는 80세에 세상을 떠났다.

5) all'età di venticinque anni. 해석: Maria는 25세에 일을 시작했다.

문제 2 다음 문장을 논리적으로 분석하고, 우리말로 해석하시오.

1) Mozart, a sei anni, componeva musica.
2) Lei è intorno ai trenta.
3) Mario a 10 anni ha perso il padre.
4) Michelangelo scolpì la Pietà a 26 anni.
5) Giuseppe Verdi, grande musicista, morì all'età di 87 anni.

문제 2 정답

1) Mozart: 주어/ componeva: 동사적 술어/ musica: 직접 보어/ a sei anni: 나이 보어.
   해석: Mozart는 여섯 살에 음악을 작곡했다.
2) Lei: 주어/ è: 동사적 술어/ intorno ai trenta: 나이 보어. 해석: 그녀는 약 30세이다.
3) Mario: 주어/ a 10 anni: 나이 보어/ ha perso: 동사적 술어/ il padre: 직접 보어.
   해석: Mario는 10살 때 아버지를 잃었다.
4) Michelangelo: 주어/ scolpì: 동사적 술어/ la Pietà: 직접 보어/ a 26 anni: 나이 보어.
   해석: Michelangelo는 26세에 피에타상을 조각했다.
5) Giuseppe Verdi: 주어/ grande: 동격의 속사/ musicista: 주어의 동격/ morì: 동사적 술어/ all'età di 87 anni: 나이 보어. 해석: 위대한 음악가인 Giuseppe Verdi는 87세에 세상을 떠났다.

문제 3 다음 문장을 나이 보어를 사용하여 이탈리아어로 작문하시오.

1) 열여덟 살에는 선과 악을 구별해야 한다.
2) 나는 24살에 대학을 졸업했다.
3) 나는 열일곱 살 된 딸이 있다.
4) 20세에 Mario는 전쟁을 하러 떠났다.
5) Anna는 2개월 된 새끼 고양이를 샀다.

> 문제 3 정답

1) All'età di diciotto anni si deve distinguere il bene e il male.
2) Mi sono laureato(a) a ventiquattro anni.
3) Ho una figlia di diciasette anni.
4) All'età di vent'anni Mario è partito per la guerra.
5) Anna ha comprato un gattino di due mesi.

㉑. 주제 보어(Complementi di argomento)

> Questo è un libro **su Dante.**
>
> Questo: 주어
> è un libro: 명사적 술어(è: 연결어, un libro: 명사부)
> **su Dante: 주제 보어**
> 해석: 이것은 Dante에 관한 책이다.

대화의 주제, 글쓰기의 주제, 토론의 주제를 지시하는 명사(명사로 사용된 품사)이다.
<전치사 di, su, circa 등이 사용되며, intorno a, riguardo a> 등의 관용어구가 사용된다.
누구에 대해?(di chi?), 무엇에 대해?(di che?)에 대한 대답이다.

Abbiamo discusso tutto il giorno **di politica**.
우리는 하루 종일 정치에 대해 토론했다.

책 제목 또는 책의 각 장의 제목 등도 주제 보어로 취급한다.
Tomasi di Lampedusa ha scritto un libro intitolato *Il Gattopardo*.
Tomasi di Lampedusa는 *Il Gattopardo*라는 제목의 책을 저술했다.

> 문제 1   다음 문장에서 주제 보어를 찾아 표시하고 우리말로 해석하시오.

1) Abbiamo parlato molto di te.
2) Ho visto un film su Michelangelo.

3) La relazione sugli uomini primitivi è molto interessante.
4) In quella trasmissione televisiva si è trattato del linguaggio giovanile.
5) Raccontami tutto riguardo a tuo figlio.

문제 1 정답

1) di te. 해석: 우리는 너에 대해 많이 말했다.
2) su Michelnagelo. 해석: 나는 미켈란젤로에 관한 영화를 보았다.
3) sugli uomini. 해석: 원시인에 관한 보고서는 매우 흥미롭다.
4) del linguaggio. 해석: 그 텔레비전 방송에서는 젊은이들의 언어에 대해 다루었다.
5) riguardo a tuo figlio. 해석: 네 아들에 대해 모든 것을 내게 말해라.

문제 2 다음 문장을 논리적으로 분석하고, 우리말로 해석하시오.

1) Stiamo parlando di sport.
2) Le ragazze parlano di moda.
3) L'Iliade tratta della guerra di Troia.
4) Mario ha studiato sulla storia degli italiani.
5) Vorrei informarti a proposito del regolamento.

문제 2 정답

1) (Noi): 내포 주어/ Stiamo parlando : 동사적 술어/ di sport: 주제 보어.
   해석: 우리는 스포츠에 대해 말하고 있는 중이다.
2) Le ragazze: 주어/ parlano: 동사적 술어/ di moda: 주제 보어.
   해석: 소녀들은 패션에 대해 말한다.
3) L'Iliade: 주어/ tratta: 동사적 술어/ della guerra di Troia: 주제 보어.
   해석: 일리아드는 트로이 전쟁에 대해 다룬다.
4) Mario: 주어/ ha studiato: 동사적 술어/ sulla storia: 주제 보어/ degli italiani: 특정화 보어.
   해석: Mario는 이탈리아인들의 역사에 대해 공부를 했다.
5) (Io): 내포 주어/ Vorrei informar: 동사적 술어/ ti: 간접 보어/ a proposito del regolamento: 주제 보어. 해석: 나는 네게 규정에 대해 알려주겠다.

문제 3 다음 문장을 주제 보어를 사용하여 이탈리아어로 작문하시오.

1) 나는 읽은 소설에 대한 보고서를 써야만 한다.
2) 그는 그의 계획들에 대해 내게 말했다.
3) 이번 3월에 모차르트의 작품에 관한 세미나가 개최될 것이다.
4) 나는 그 여자에 관한 말을 더 이상 듣고 싶지 않다.
5) 일요일 저녁마다 이탈리아인들은 축구에 대해 토론한다.

문제 3 정답

1) Devo scrivere una relazione sul romanzo letto.
2) Egli mi ha parlato dei suoi progetti.
3) Questo marzo si terrà un convegno sulle opere di Mozart.
4) Non voglio più sentire parlare di lei.
5) Tutte le domeniche sere gli italiani discutono di calcio.

㉒. 품질 보어(Complementi di qualità)

> Mi piacciono le donne dai capelli biondi.
>
> le donne: 주어
> piacciono: 동사적 술어
> **dai capelli biondi**: 품질 보어
> mi: 간접 보어
> 해석: 나는 금발인 여자들을 좋아한다.(직역: 내게는 금발인 여자들이 좋다)

품질 보어는 사람 또는 사물의 성질, 품질을 나타낸다.
주로 사용되는 전치사는 <a, da, di, con> 이다.
come?, "어떠한 품질로?(con quale qualità?)"에 대한 대답이다.

문제 1 다음 문장에서 품질 보어를 찾아 표시하고 우리말로 해석하시오.

1) Tua madre è persona d'infinita bontà.
2) Maria calza sempre scarpe col tacco alto.
3) Anna è una studentessa di grande intelligenza
4) C'è un uomo con la barba rossa.
5) Anna indossava una giacca a righe bianche e nere.

문제 1 정답

1) d'infinita bontà. 해석: 네 어머니는 너무나도 착한 사람이다.
2) col tacco alto. 해석: Maria는 항상 굽 높은 구두를 신는다.
3) di grande intelligenza. 해석: Anna는 매우 똑똑한 학생이다.
4) con la barba rossa. 해석: 붉은 수염을 가진 한 남자가 있다.
5) a righe bianche e nere. 해석: Anna는 흰색과 검은색 줄이 있는 재킷을 입곤 했다.

문제 2 다음 문장을 논리적으로 분석하고, 우리말로 해석하시오.

1) Marco è un ragazzo di gran talento.
2) Ho una casa con le finestre verdi.
3) Mio fratello è di alta statura.
4) A Natale regalerò a Anna un gatto di piccola taglia.
5) L'anno scorso il mio amico Mario ha sposato un'attrice di fama internazionale.

문제 2 정답

1) Marco: 주어/ è un ragazzo: 명사적 술어/ di talento: 품질보어/ gran: 품질보어의 속사.
   해석: Marco는 훌륭한 재능을 지닌 소년이다.
2) (Io): 내포 주어/ Ho: 동사적 술어/ una casa: 직접 보어/ con le finestre: 품질 보어/ verdi: 품질 보어의 속사. 해석: 나는 초록색 창문이 달린 집을 가지고 있다.
3) Mio: 주어의 속사/ fratello: 주어/ è: 동사적 술어/ di alta statura: 품질 보어.
   해석: 내 형은 키가 크다.

4) A Natale: 시간 보어/ (io): 내포 주어/ regalerò: 동사적 술어/ a Anna: 대상 보어/ un gatto: 직접 보어/ (di) piccola: 품질 보어의 속사/ di taglia: 품질 보어.
   해석: 나는 크리스마스에 Anna에게 작은 크기의 고양이를 선물할 것이다.

5) L'anno: 시간 보어/ scorso: 시간 보어의 속사/ (il) mio: 주어의 속사/ amico: 주어의 동격/ Mario: 주어/ ha sposato: 동사적 술어/ un'attice: 직접 보어/ di fama: 품질 보어/ nazionale: 품질 보어의 속사. 해석: 작년에 내 친구 Mario는 국제적인 명성이 있는 여배우와 결혼했다.

문제 3 다음 문장을 품질 보어를 사용하여 이탈리아어로 작문하시오.

1) Anna는 아름다운 눈을 가진 소녀이다.
2) Mario는 온화한 품성을 지닌 형이 있다.
3) 너는 저 목이 긴 동물이 뭔지 아니?
4) Silvia는 긴 머리를 지닌 소녀이다.
5) 나는 매력적인 미소를 지닌 소녀를 만났다.

문제 3 정답

1) Anna è una bambina con gli occhi belli.
2) Mario ha un fratello di natura mite.
3) Conosci quell'animale dal collo lungo?
4) Silvia è una ragazza dai capelli lunghi.
5) Ho incontrato una ragazza dal sorriso incantevole.

㉓. 배분 보어(Complementi distributivo)

> Hanno pagato 1000 Euro **a testa**.
>
> (Loro): 내포 주어
> Hanno pagato: 동사적 술어
> 1000 Euro: 직접 보어
> **a testa: 배분 보어**
> 해석: 그들은 1인당 일천 유로씩 지불했다.

사람 또는 사물의 분배를 지시한다.
<전치사 su; per; a> 등을 사용한다.

문제 1 다음 문장에서 배분 보어를 찾아 표시하고, 우리말로 해석하시오.

1) Questa macchina corre a 300km all'ora.
2) Questi pomodori costano 3 euro al chilo.
3) Quattro per due fa otto.
4) Ho sbagliato due frasi su tre.
5) Il trenta per cento dei malati vogliono fare due passi ogni pomeriggio.

문제 1 정답

1) all'ora. 해석: 이 자동차는 시간당 300km를 달린다.
2) al chilo. 해석: 이 토마토들은 킬로당 3유로이다.
3) per due. 해석: 4 X 2는 8이다.
4) su tre. 해석: 나는 세 문장 중에 두 문장을 틀렸다.
5) per cento. 해석: 30%의 환자들은 매일 오후에 산책하기를 원한다.

문제 2 다음 문장을 논리적으로 분석하고, 우리말로 해석하시오.

1) Gli alunni uscivano dalla scuola uno alla volta.
2) Abbiamo preso tre caramelle per ciascuno.
3) I soldati marciano a quattro a quattro.
4) Gli invitati saranno introdotti nella sala a quattro per volta.
5) Mangio due mele al giorno.

문제 2 정답

1) Gli alunni : 주어/ uscivano : 동사적 술어/ dalla scuola : 장소로부터의 이동 보어/uno alla volta: 배분 보어. 해석: 학생들이 학교에서 한 번에 한 명씩 나오고 있었다.
2) (Noi): 내포 주어/ Abbiamo preso: 동사적 술어/ tre caramelle: 직접 보어/ per ciascuno: 배

분 보어. 해석: 우리는 각자 사탕 세 개를 가졌다.
3) I soldati: 주어/ marciano: 동사적 술어/ a quattro a quattro: 배분 보어.
   해석: 군인들이 네 명씩 행진한다.
4) Gli invitati: 주어/ saranno introdotti: 동사적 술어/ nella sala: 장소 보어/ a quattro per volta: 배분 보어. 해석: 초대받은 사람들은 한 번에 네 명씩 방으로 들여보내졌다.
5) (Io): 내포 주어/ Mangio: 동사적 술어/ due mele: 직접 (목적 보어)/ al giorno: 배분 보어. 해석: 나는 하루에 사과 2개를 먹는다.

문제 3 다음 문장을 배분 보어를 사용하여 이탈리아어로 작문하시오.

1) Marco 는 하루에 사과 두 개를 먹는다.
2) 여러분은 각자 세 장의 종이를 집으십시오.
3) 우리는 각자 100 유로씩 벌었다.
4) 너는 여섯 시간마다 약을 먹어야 하는 것을 기억해라.
5) 한 번에 한 명씩 들어오시길 여러분께 부탁합니다.

문제 3 정답

1) Marco mangia due mele al giorno.
2) Prendete tre fogli ciascuno.
3) Abbiamo guadagnato 100 euro per ciascuno.
4) Ricordati di prendere la medicina ogni sei ore.
5) Vi preghiamo di entrare uno alla volta.

㉔. 죄/형벌 보어(Complementi di colpa e di pena)

> Lui è responsabile **del furto.**
>
> Lui: 주어.
> è responsabile: 명사적 술어(è: 연결어, responsabile: 명사부)
> **del furto: 죄 보어**
> 해석: 그가 절도의 책임자다.

죄를 지시한다. 고발당한 인간이 행한 범죄를 나타낸다. 죄 보어는 형벌 보어와 더불어 신문의 사건, 사고 소식에 매일 같이 등장하는 기사에서 항상 볼 수 있다.

동사(accusare, incolpare, imputare, processare...), 명사(accusa, incriminazione, condanna...), 형용사(reo, colpevole....) 등과 사용한다.

<전치사 di; da; per(전치사 관사 포함)+명사 혹은 동사; 관용구 della colpa di; dell'accusa di> 등의 형태를 취한다.

"어떤 죄로?(di che?)" "어떤 죄 때문에?(per(di, da) quale colpa?)"라는 질문에 대한 대답이다.

Quel ragazzo fu accusato **di furto.**
Quel: 주어의 속사/ ragazzo: 주어/ è accusato: 동사적 술어/ di furto.: 죄 보어
해석: 그 소년은 절도죄로 고소되었다.

Lui è stato condannato **a dieci anni di carcere.**

Lui: 주어
è stato condannato: 동사적 술어
a dieci anni di carcere: 형벌 보어
해석: 그는 10년의 감옥 형을 선고받았다.

형벌보어는 사람에게 언도된 형벌을 지시한다.

죄 및 형을 선고에 관련된 생각을 표현하는 동사(condannare, punire, multare..)와 같이 사용된다. <전치사 a, di, con> 등을 사용한다.

"a quale pena?(어느 형벌로?)", "con quale pena?(어느 형벌로?)"에 대한 대답이다.

Socrate fu condannato **a morte.**
Socrate: 주어/ fu condannato: 동사적 술어/ **a morte: 형벌 보어**
해석: 소크라테스는 사형을 선고받았다.

문제 1 다음 문장에서 죄 보어 혹은 형벌 보어를 찾아 표시하고, 우리말로 해석하시오.

1) Lui fu condannato per furto.
2) Lei è accusata di tradimento.

3) Mario verrà punito per il suo misfatto.
4) La polizia ha multato l'automobilista per 100 euro.
5) Il calciatore è stato punito con la sospensione dalle partite per un mese.

문제 1 정답

1) per furto. 죄 보어. 해석: 그는 절도죄로 형을 받았다.
2) di tradimento. 죄 보어. 해석: 그녀는 배반죄로 고발당했다.
3) per misfatto. 죄 보어. 해석: Mario는 그의 잘못으로 벌을 받을 것이다.
4) per 100 euro. 형벌 보어. 해석: 경찰은 운전사에게 100유로의 벌금을 부과했다.
5) con la sospensione. 형벌 보어. 해석: 그 축구 선수는 한 달 동안 경기에 출장 금지를 선고 받았다.

문제 2 다음 문장을 논리적으로 분석하고, 우리말로 해석하시오.

1) Dante fu condannato all'esilio.
2) Il rapitore fu condannato all'ergastolo.
3) L'autista è accusato di velocità eccessiva.
4) L'ex ministro fu incriminato per i reati di corruzione.
5) L'anno scorso il proprietario è stato condannato alla confisca dei beni.

문제 2 정답

1) Dante: 주어/ fu condannato: 동사적 술어/all'esilio: 형벌 보어.
   해석: 단테는 추방형(유배형)을 선고 받았다.
2) Il rapitore: 주어/fu condannato: 동사적 술어/all'ergastolo: 형벌 보어.
   해석: 유괴범은 종신형을 선고 받았다.
3) L'autista: 주어/è accusato: 동사적 술어/di velocità: 죄 보어/eccessiva: 죄 보어 속사.
   해석: 운전사는 속도 초과로 고발되었다.
4) L'ex ministro: 주어/ fu incriminato: 동사적 술어/ per i reati di corruzione: 죄 보어.
   해석: 옛 장관은 부정행위로 죄를 지었다.
5) L'anno: 한정시간보어/ scorso: 한정시간보어의 속사/ il proprietario:주어/ è stato condannato:

동사적 술어/ alla confisca: 형벌 보어/ dei beni:특정화 보어.

해석: 작년에 주인은 재산 압류를 선고 받았다.

문제 3 다음 문장을 죄 보어를 사용하여 이탈리아어로 작문하시오.

1) 너는 너의 악행으로 벌을 받을 것이다.
2) 소크라테스는 사형을 선고 받았다.
3) 나는 50유로의 벌금을 받았다.
4) 심판은 선수를 경기장에서 퇴장시켰다.
5) 로마 황제인 네로(Nerone)는 로마를 불태운 죄로 고발당했다.

문제 3 정답

1) Tu verrai punito per il tuo misfatto.
2) Socrate fu condannato a morte.
3) Ho ricevuto una multa di 50 euro.
4) L'arbitro ha punito il giocatore con l'espulsione dal campo.
5) Nerone, imperatore romano, fu accusato dell'incendio di Roma.

㉕. 풍부/부족 보어(Complementi di abbondanza e di privazione)

> **Questo albergo è fornito <u>di ogni comodità</u>.**
>
> Questo: 주어의 속사
> albergo: 주어
> è fornito: 동사적 술어
> <u>**di ogni comodità: 풍부 보어.**</u>
> 해석: 이 호텔은 온갖 편리성을 갖추고 있다.

<전치사(전치사관사) di>를 사용한다.

동사(abbondare, arricchire, colmare, riempire 등) 또는 형용사(abbondante, ricco, dotato, pieno, carico, fornito 등)와 주로 사용된다.

La città di Roma è sempre piena **di turisti.**
La città: 주어/ di Roma: 명명 보어/ è sempre piena: 명사적 술어/ di turisti: 풍부 보어
해석: 로마시는 언제나 관광객들로 가득하다.

풍부 보어는 '대명조사 ne'로 표현될 수 있다.
Noi abbiamo pochi soldi. Voi **ne** avete molti.
해석: 우리는 돈이 거의 없다. 너희들은 그것을 많이 가지고 있다.

> L'Italia è priva **di miniere.**
>
> L'Italia: 주어/ è priva: 명사적 술어/ **di miniere: 부족 보어**
> 해석: 이탈리아는 자원이 부족하다.

동사(privare, mancare, abbisognare, spogliare 등) 또는 형용사(privo, bisognoso, scarso, spoglio, vuoto, povero 등) 와 주로 사용된다.
<전치사(또는 전치사관사) di>를 사용한다.

La frutta è scarsa **di calorie.**
La frutta: 주어/ è scarsa: 명사적 술어/ di calorie: 부족 보어.
해석: 과일은 칼로리가 부족하다.

풍부 보어와 마찬가지로 **ne**로 표현할 수 있다.
Voi avete molti soldi. Noi invece **ne** siamo privi.
해석: 너희들은 돈이 많다. 반면에 우리는 그것이 없다.

문제 1 다음 문장에서 풍부 보어 혹은 부족 보어를 찾아 표시하고, 우리말로 해석하시오.

1) Mario ha la mente piena di fantasie.
2) Il teatro è pieno di gente.
3) Qui c'è mancanza di acqua.
4) La zuppa manca di sale.
5) La sua maglia era talmente inzuppata di acqua.

문제 1 정답

1) di fantasie. 풍부 보어. 해석: Mario의 마음은 환상으로 가득하다.
2) di gente. 풍부 보어. 해석: 극장은 사람으로 가득하다.
3) di acqua. 부족 보어. 해석: 이곳에서는 물이 부족하다.
4) di sale. 부족 보어. 해석: 스프는 소금이 부족하다.
5) di acqua. 풍부 보어. 해석: 그의 셔츠는 물로 흠뻑 젖었다.

문제 2 다음 문장을 논리적으로 분석하고, 우리말로 해석하시오.

1) L'Italia abbonda di monumenti.
2) Il mio cuore è colmo di gioia.
3) Il nostro Paese manca di petrolio
4) La chiesa è piena di doni.
5) Roberta è una donna senza cervello.

문제 2 정답

1) L'Italia : 주어/ abbonda : 동사적 술어/ di monumenti: 풍부 보어.
   해석: 이탈리아는 풍부한 유적을 가지고 있다.
2) Il cuore: 주어/ mio: 주어의 속사/ è colmo : 명사적 술어/ di gioia: 풍부 보어.
   해석: 내 마음은 기쁨으로 가득 차 있다.
3) Il paese : 주어/ nostro: 주어의 속사/ manca: 동사적 술어/ di petrolio: 부족(결핍) 보어.
   해석: 우리나라는 석유가 부족하다.
4) La chiesa: 주어/ è piena: 명사적 술어/ di doni: 풍부 보어.
   해석: 교회는 선물로 가득하다.
5) Roberto : 주어/ è un uomo : 명사적 술어/ senza cervello: 부족 보어.
   해석: Roberto는 멍청한 사람이다.

문제 3 다음 문장을 풍부 보어 혹은 부족 보어를 사용하여 이탈리아어로 작문하시오.

1) 이 금고는 비밀문서로 가득하다.

2) 너는 과자로 배를 너무 채웠다.(~로 배를 너무 채우다: rimpinzarsi)
3) 러시아는 광물로 가득하다.
4) 내 다이어트는 지방이 거의 없다.
5) 과일은 비타민이 풍부하지만 칼로리는 부족하다.

문제 3 정답

1) Questa cassaforte è piena di documenti segreti.
2) Ti sei rimpinzato di dolci.
3) La Russia abbonda di miniere.
4) La mia dieta è povera di grassi.
5) La frutta è ricca di vitamine ma scarsa di calorie.

㉖. 이익/손해 보어(Complementi di vantaggio e di svantaggio)

> Noi costruiamo questa casa **per i poveri.**
>
> Noi: 주어
> costruiamo: 동사적 술어
> questa: 직접 보어의 속사
> casa: 직접 보어
> per i poveri: 이익 보어
> 해석: 우리는 가난한 자들을 위해 이 집을 지었다.

이익보어는 이익을 받는 사람 또는 사물을 지시하는 보어이다.
<전치사 per, a, con 이 사용되며, 관용구 a favore di, a vantaggio di> 등이 사용된다.
질문 '누구를 위해서?(per chi?), 누구의 이익을 위해서?(a vantaggio di chi?), 무엇을 위해서?(per che cosa?), 무엇의 이익을 위해서?(a vantaggio di che cosa?)'에 대한 대답이다.

Le case sono costruite **per i poveri.**
Le case: 주어/ sono costruite: 동사적 술어/ **per i poveri: 이익 보어.**
해석: 집들은 가난한 사람들을 위해 지어졌다.

* 이익 보어와 목적 보어를 혼동하지 않아야 한다.

I soldati combattono **per la patria**. 이익 보어

I soldati combattono **per la difesa della patria**. 목적 보어

Il fumo nuoce **alla salute.**

Il fumo: 주어
nuoce: 동사적 술어
alla salute: 손해보어
해석: 흡연은 건강을 해친다.

손해보어는 불이익을 당하는 사람 또는 사물을 지시하는 보어이다.
전치사는 per가 사용되며, 관용구 a svantaggio di, a discapito di 등이 사용된다.
질문 '누구에게? 누구의 손해? 무엇에? 무엇의 손해?'에 대한 대답이다.

L'aria fredda è dannosa **alla tua salute.**
L'aria: 주어/ fredda: 주어의 속사/ è dannosa: 명사적 술어/ **alla salute: 손해 보어**/ tua: 손해 보어의 속사.
해석: 차가운 바람은 네 건강에 해롭다.

문제 1 다음 문장에서 이익 보어 혹은 손해 보어를 찾아 표시하고 우리말로 해석하시오.

1) Il nonno ha costruito questa casa per me.
2) Ho fatto tutto per te.
3) La madre si sacrifica per i figli.
4) Il medico ha parlato in difesa dei malati.
5) Troppo cibo nuoce alla salute.

문제 1 정답

1) per me. 이익 보어. 해석: 할아버지는 나를 위해 이 집을 지으셨다.

2) per te. 이익 보어. 해석: 나는 너를 위해 모든 것을 했다.
3) per i figli. 이익 보어. 해석: 어머니는 자식들을 위해 희생한다.
4) in difesa dei malati. 이익 보어. 해석: 의사는 환자를 옹호하여 말했다.
5) alla salute. 손해 보어. 해석: 너무 많은 음식은 건강에 해롭다.

문제 2 다음 문장을 논리적으로 분석하고, 우리말로 해석하시오.

1) Dobbiamo studiare per la vita.
2) I nostri genitori si sono sacrificati per noi.
3) I Romani combatterono contro i Greci.
4) Questo lavoro è pericoloso per la salute.
5) La vitamina C è buona per il raffreddore.

문제 2 정답

1) (Noi): 내포 주어/ Dobbiamo studiare: 동사적 술어/ per la vita: 이익 보어.
   해석: 우리는 인생을 위해 공부해야 한다.
2) I genitori: 주어/ nostri: 주어의 속사/ si sono sacrificati: 동사적 술어/ per noi: 이익 보어.
   해석: 우리 부모님은 우리를 위해 자신을 희생했다.
3) I Romani : 주어/ combatterono : 동사적 술어/ contro i Greci: 손해 보어.
   해석: 로마인들은 그리스인들에 대항하여 싸웠다.
4) Questo: 주어의 속사/ lavoro: 주어/ è pericoloso: 명사적 술어/ per la salute: 손해 보어.
   해석: 이 일은 건강에 해롭다.
5) La vitamina C: 주어/ è buona: 명사적 술어/ per il raffreddore: 이익 보어.
   해석: 비타민 C는 감기에 좋다.

문제 3 다음 문장을 이익 보어 혹은 손해 보어를 사용하여 이탈리아어로 작문하시오.

1) 우리는 제 3 세계의 어린이들을 위하여 자금을 모았다.
2) 나는 동물 보호를 위해 한 협회에 가입했다.
3) 알코올은 간에 해롭다.
4) 담배를 피우는 것은 자신과 타인의 건강에 매우 해롭다.

5) 누가 내 제안에 찬성하지?

> [문제 3 정답]

1) Abbiamo raccolto fondi per i bambini del Terzo Mondo.
2) Mi sono iscritto(a) a un'associazione per la protezione degli animali.
3) L'alcool è dannoso per il fegato.
4) Fumare è molto nocivo per la salute propria e altrui.
5) Chi è a favore della mia proposta?

㉗. 양보 보어(Complementi concessivo)

> <u>Nonostante la pioggia</u>, abbiamo fatto una lunga passeggiata nel bosco.
>
> **Nonostante la pioggia:** 양보 보어
> (noi): 암시적 주어
> abbiamo fatto: 동사적 술어
> una passeggiata: 직접 보어
> lunga: 직접 보어의 속사
> nel bosco: 장소 상태 보어.
> 해석: 비가 옴에도 불구하고 우리들은 숲에서 긴 산책을 했다.

<전치사 nonostante; malgrado; con 또는 관용구 a dispetto di; a onta di> 등을 사용한다. 질문 "누구에도 불구하고?", "무엇에도 불구하고?"에 대한 대답이다.

> [문제 1] 다음 문장에서 <u>양보 보어</u>를 찾아 표시하고 우리말로 <u>해석</u>하시오.

1) Malgrado gli sforzi, Mario non ha vinto.
2) Con tutti i suoi gioielli, Anna non riuscirà mai a sembrare elegante.
3) Nonostante il divieto, Carla e Roberta sono uscite lo stesso.
4) Tanti fumano ancora nel ristorante, malgrado il divieto.
5) L'aereo è decollato nonostante la nebbia.

문제 1 정답

1) Malgrado gli sforzi. 해석: 노력을 했음에도 불구하고 Mario는 승리하지 못했다.
2) Con tutti i suoi gioielli.
   해석: Anna는 그녀의 모든 보석을 사용함에도 절대로 우아하게 보일 수 없을 것이다.
3) Nonostante il divieto. 해석: 금지에도 불구하고 Carla와 Roberta는 외출했다.
4) malgrado il divieto. 해석: 금지에도 불구하고 많은 사람이 식당에서 아직도 담배를 피운다.
5) nonostante la nebbia. 해석: 안개가 꼈는데도 불구하고 비행기는 이륙했다.

문제 2 다음 문장을 논리적으로 분석하고, 우리말로 해석하시오.

1) Verrò da te nonostante la pioggia.
2) Il malato è morto, malgrado le cure.
3) Malgrado il raffreddore, vado a scuola.
4) Il compito era sufficiente, malgrado gli errori.
5) Nonostante tutti i miei impegni, riesco a trovare del tempo libero.

문제 2 정답

1) (Io): 내포 주어/ Verrà: 동사적 술어/ nonostante la pioggia: 양보 보어. 해석: 비가 옴에도 불구하고 그는 올 것이다.
2) Il malato: 주어/ è morto: 동사적 술어/ malgrado le cure: 양보 보어. 해석: 환자는 치료에도 불구하고 사망했다.
(2\3) Malgrado il raffreddore: 양보 보어/ vado: 동사적 술어/ a scuola: 간접(장소) 보어.
   해석: 나는 감기에도 불구하고 학교에 간다.
4) Il compito: 주어/ era sufficiente: 명사적 술어/ malgrado gli errori: 양보 보어.
   해석: 실수에도 불구하고 과제는 충분했다.
5) Nonostante tutti i miei impegni: 양보 보어/ (io): 내포 보어/ riesco a trovare: 동사적 술어 / del tempo: 직적(목적)보어/ libero: 직접 보어의 속사.
   해석: 나는 많은 업무에도 불구하고 내가 선호하는 취미를 위한 시간을 찾을 수 있다.

문제 3 다음 문장을 양보 보어를 사용하여 이탈리아어로 작문하시오.

1) Anna는 내 충고에도 불구하고 그것을 했다.(a onta di 사용)
2) 그는 약속했음에도 불구하고 예전처럼 계속 행동했다.(malgrado 사용)
3) 나는 너의 충고에도 불구하고 나의 길을 계속 갈 것이다.(a dispetto di 사용)
4) 모든 준비에도 불구하고 Marco는 이탈리아어 시험을 통과하지 못했다.(con 사용)
5) 기차가 연착했음에도 불구하고 나는 약속 시간에 맞게 도착할 수 있었다.(nonostante 사용)

문제 3 정답

1) Anna l'ha fatto a onta dei miei consigli.
2) Malgrado le promesse, ha continuato a comportarsi come prima.
3) Continuerò per la mia strada, a dispetto dei tuoi consigli.
4) Con tutta la sua preparazione, Marco non ha superato l'esame d'italiano.
5) Nonostante il ritardo del treno, sono riuscito(a) ad arrivare in tempo all'appuntamento.

㉘. 분리 보어(Complementi di separazione o allontanamento)

> Le Alpi dividono l'Italia **dalla Francia**.
>
> Le Alpi: 주어/ dividono: 동사적 술어/ l'Italia: 직접 보어
> / **dalla Francia:** 분리(격리) 보어
> 해석: 알프스 산맥은 프랑스와 이탈리아를 나눈다.

<전치사 da; di 혹은 전치사관사>를 사용한다.
행위자 보어와 형태가 동일하나 행위자 보어는 수동형의 동사에 의해서만 가능하다.

문제 1 다음 문장에서 분리 보어를 찾아 표시하고, 우리말로 해석하시오.

1) Questo prezzo è decisamente lontano dalle mie previsioni.
2) L'arbitro ha espulso un giocatore dal campo.
3) La tua opinione è lontana dal vero.

4) Tieniti lontano dalle cattive compagnie.
5) Talvolta è difficile distinguere il vero dal falso.

> 문제 1 정답

1) dalle mie previsioni. 해석: 이 가격은 내 예상과 너무 멀다.
2) dal campo. 해석: 심판이 한 선수를 운동장에서 퇴장시켰다.
3) dal vero. 해석: 네 의견은 사실로부터 멀다.
4) dalle cattive compagnie. 해석: 나쁜 친구들로부터 멀리 있어라.
5) dal falso. 해석: 가끔 거짓으로부터 사실을 구별하는 것은 어렵다.

> 문제 2 다음 문장을 논리적으로 분석하고, 우리말로 해석하시오.

1) Egli fu cacciato dalla casa.
2) Gli uomini buoni stanno lontano dai cattivi.
3) Il Mare Rosso divide l'Africa dall'Asia.
4) Il vento staccava le foglie dai rami.
5) Non posso distinguere la tua voce da quella di tuo fratello.

> 문제 2 정답

1) Egli: 주어/ fu cacciato: 동사적 술어/ dalla casa: 분리 보어.
   해석: 그는 집에서 쫓겨났다.
2) Gli uomini: 주어/ buoni: 주어의 속사/ stanno lontano: 명사적 술어/ dai cattivi: 분리 보어.
   해석: 착한 사람들은 악한 사람들로부터 멀리 있다.
3) Il Mare Rosso: 주어/ divide: 동사적 술어/ l'Africa: 직접 보어/ dall'Asia: 분리 보어.
   해석: 홍해는 아시아로부터 아프리카를 분리한다.
4) Il vento: 주어/ staccava: 동사적 술어/ le foglie: 직접 보어/ dai rami: 분리 보어.
   해석: 바람이 가지로부터 나뭇잎을 분리시켰다.
5) (Io): 내포 주어. Non posso distinguere: 동사적 술어/ la tua voce: 직접 보어/ tua: 직접 보어의 속사/ da quella di tuo fratello: 분리 보어.
   해석: 나는 네 목소리와 네 형의 목소리를 구별할 수 없다.

문제 3 다음 문장을 분리(격리) 보어를 사용하여 이탈리아어로 작문하시오.

1) 내 의견은 네 의견과 다르다.
2) 네 마음으로부터 나쁜 생각들을 멀리해라.
3) 너는 창문에서 멀리 떨어져 있어야만 한다.
4) 악에서 선을 구별하는 것이 항상 쉬운 것은 아니다.
5) 내가 태어난 곳으로부터 멀어진다는 것은 내게 큰 향수를 불러일으켰다.

문제 3 정답

1) La mia opinione è diversa dalla tua.
2) Allontana dalla tua mente i cattivi pensieri.
3) Devi stare lontano dalla finestra.
4) Non è sempre facile distinguere il bene dal male.
5) La lontanaza dei miei luoghi di origine mi provoca una grande nostalgia.

㉙. 수량 보어(Complementi di quantità)
수량 보어에는 '추정 가치(가격) 보어', '가격 보어', '거리(간격) 보어', '중량 보어', '측정(척도) 보어'가 있다.

㉙-1. 추정 가치 보어(Complementi di stima)
상업적 측면에서 사물의 가격 또는 도덕적 측면에서 사람의 가치를 추정하여 지시하는 보어이다. 추정가격보어가 사용된 문장에서 동사는 주로 considerare, stimare, reputare, apprezzare, valutare, valere 등이 사용되며, 이 경우 전치사는 사용하지 않는다. 대략적인 가치를 나타낼 경우에는 <전치사 su, circa, quasi 또는 관용구 all'incirca, intorno a> 등을 사용한다. 사람의 가치는 주로 <부사 molto, poco, assai 또는 관용구 di più, di meno, per niente> 로써 표현한다. 질문 '얼마?', '얼마의 가치?'에 대한 대답이다.

Questo quadro vale **due milioni di euro.**
Questo: 주어의 속사/ quadro: 주어/ vale: 동사적 술어/ **due milioni di euro**: **추정가치보어.**
해석: 이 그림은 이백만 유로의 가치가 나간다.

㉙-2. 가격 보어(Complementi di prezzo)

가격보어는 사물의 가격을 지시한다. 'costare'(값이 나가다) 또는 'pagare'(지불하다)와 같은 동사와 사용될 경우에는 전치사가 필요 없다. 그러나 'vendere'(팔다) 또는 'acquistare'(구입하다)와 같은 동사와 사용될 경우에는 <전치사 a 또는 per+숫자>의 형태로 사용된다. 이 경우 전치사 per는 생략될 수 있다.

숫자를 사용하여 정확한 가격을 나타낼 수 있으며, 또는 수량부사(poco, molto, tanto, più, meno...) 및 관용구(a buon prezzo, a poco prezzo, a caro prezzo, a buon mercato)를 사용하여 부정확한 가격을 지시하는 방식으로 사용할 수 있다.

Ho comprato questa moto **per settecento euro.**

(Io): 내포 주어/ Ho comprato: 동사적 술어/ questa: 직접 보어의 속사/ moto:직접 보어/ **per settecento euro: 가격 보어.** 해석: 나는 이 오토바이를 700유로에 구입했다.

㉙-3. 거리(간격) 보어(Complementi di distanza)

거리(距離) 보어는 사람과 사람, 사물과 사물 그리고 기준점과 기준점 사이의 거리를 지시한다. '얼마나 먼?(quanto distante?)', '어느 거리에?(a quale distanza?)'에 대한 대답이다.

동사 distare 또는 essere distante, essere lontano와 같은 표현이 사용될 경우에는 전치사 없이 직접 술어와 연결된다. 그 이외의 경우는 전치사 a, tra(또는 fra)를 사용한다.

Il nostro paese dista **100 chilometri** dal mare.

Il paese: 주어/ nostro: 주어의 속사/ dista: 동사적 술어/ **100 chilometri: 거리(간격)보어** / dal mare: 분리 보어.

해석: 우리 마을은 바다에서 100 킬로미터 떨어진 거리에 있다.

㉙-4. 중량 보어(Complementi di peso)

사물의 무게를 지시하는 보어이다. 동사 pesare와 사용되며, 정확한 무게를 지시할 경우에는 전치사가 필요하지 않다. 하지만 대략적인 무게를 나타낼 경우에는 su, circa, quasi와 같이 사용한다.

얼마만큼의 무게?(Quanto pesa?)

Il neonato pesa **3 chili.**

Il neonato: 주어/ pesa:동사적 술어/ **3 chili: 중량보어.**

해석: 신생아는 3 킬로가 나간다.

㉙-5. 측정(척도) 보어(Complementi di misura o estensione)

측정(척도) 보어는 사물의 길이, 높이, 넓이, 깊이 등을 나타내는 보어이다. 이 보어는 동사 estendersi, misurare, elevarsi 또는 형용사 lungo, largo, alto, profondo 등과 사용된다. 일반적으로 전치사가 요구되지 않으나, 필요한 경우에는 su, per, circa, quasi 등을 사용한다.

Il Monte Bianco è alto **4807 metri.**

Il Monte Bianco: 주어/ è alto: 명사적 술어/ **4807 metri**: 측정(척도) 보어.

해석: 몽블랑의 높이는 4807 미터이다.

문제 1 다음 문장에서 수량 보어를 찾아 표시하고, 우리말로 해석하시오.

1) La scatola peserà sui 20 chili.
2) L'ufficio postale è a 100 metri.
3) Questa bici costa 200 euro.
4) Questo è un campo di circa cinque ettari.
5) Questo vestito costa un occhio della testa.

문제 1 정답

1) sui 20 chili(무게보어). 해석: 이 상자는 약 20 킬로 나갈 것이다.
2) a 100 metri(거리보어). 해석: 우체국은 100 거리에 있다.
3) 200 euro(가격보어). 해석: 이 자전거는 200 유로이다.
4) di circa cinque ettari. 해석: 이 논은 약 5 헥타르이다.
5) un occhio della testa. 해석: 이 옷은 엄청나게 비싸다.

문제 2 다음 문장을 논리적으로 분석하고, 우리말로 해석하시오.

1) Il libro costa dieci euro.
2) Mario ha venduto i vecchi libri per pochi soldi.
3) Roberta ha pagato una villa in campagna a caro prezzo.
4) Il bosco si estendeva per più di 10 ettari e ospitava un laghetto largo circa 10 metri.
5) L'identikit era quello di un uomo di altezza superiore alla media, del peso di circa 70

chili, con occhi neri, capelli neri e una cicatrice sull'occhio destro.

> **문제 2 정답**

1) Il libro: 주어/ costa: 동사적 술어/ dieci euro: 가격보어.
   해석: 책은 10 유로이다.
2) Mario: 주어/ha venduto: 동사적 술어/i libri: 직접 보어/ vecchi: 직접 보어의 속사/per pochi soldi: 가격 보어.
   해석: Mario는 오래된 책들을 적을 돈에 팔았다.
3) Roberta: 주어/ ha pagato: 동사적 술어/ una villa: 직접 보어/ in campagna: 장소상태보어/ a caro prezzo: 가격보어
   해석: Roberta는 전원에 있는 빌라에 비싼 가격을 지불했다.
4) Il bosco: 주어/ si estendeva: 동사적 술어/ per più di 10 ettari: 측정(척도) 보어/ ospitava: 동사적 술어/ un laghetto:직접 보어/ largo: 직접 보어의 속사/ circa 10 metri: 측정(척도) 보어.
   해석: 숲은 10 헥타르 이상 펼쳐져 있었고 약 10 미터 넓이의 호수를 품고 있었다.
5) L'identikit: 주어/ era quello: 명사적 술어(era: 연결어/ quello: 명사부)/ di un uomo: 특정화 보어/ di altezza: 품질 보어(qualità)/ superiore: 품질 보어의 속사/ alla media: 비교 보어/del peso di circa 70 chili: 중량보어/con occhi: 품질보어/ neri: 품질보어의 속사/ capelli: 품질 보어/ neri: 품질보어의 속사/una cicatrice: 품질보어/ sull'occhio: 장소상태보어./ destro: 장소 상태보어의 속사.
   해석: 몽타주는 평균보다 더 큰 키에 약 70 킬로의 몸무게, 검은 눈, 검은 머리 그리고 오른쪽 눈에 상처자국이 있는 남자의 것이었다.

> **문제 3** 다음 문장을 수량 보어를 사용하여 이탈리아어로 작문하시오.

1) 나는 포도를 좋은 가격에 샀다.
2) 남은 물건은 절반 값에 팔릴 것이다.
3) Paola는 내 집에서 가까운 거리에 산다.
4) 이 그림은 대략 2만 유로로 평가되었다.
5) 너는 20여 킬로미터 정도의 거리에 Venezia로 향하는 갈림길을 발견할 수 있을 것이다.

> 문제 3 정답

1) Ho comprato dell'uva a buon mercato.
2) La merce residua sarà venduta a metà prezzo.
3) Paola abita a due passi da me.
4) Questo quadro è valutato sui 20.000 euro.
5) Tra una ventina di chilometri puoi trovare la deviazione per Venezia.

㉚. 호격/감탄 보어(Complementi di vocazione e di esclamazione)

> **Luigi**, apri la porta!
>
> **Luigi**: 호격보어
> chiudi: 동사적 술어
> (tu) : 내포 주어
> la porta: 직접 보어
> 해석: Luigi, 문 열어!

호격보어는 신(神), 사람, 동물 또는 의인화된 사물을 지시하는 보어로 이들을 단순히 부르거나, 이들에게 간청하기 위하여 또는 주의를 집중시키기 위하여 사용된다.

호격보어는 명사, 형용사 또는 대명사이며, 문장의 맨 처음에 올 경우에는 뒤에 오는 문장과의 사이에 쉼표를 넣어서 나타낸다.

Accendi, **Maria**, quella radio!
Accendi: 동사적 술어/ (tu): 내포 주어/ **Maria**: 호격 보어/ quella: 직접 보어의 속사/ radio: 직접 보어
해석: Maria, 저 라디오를 켜라!

> **Che disdetta!** È caduta la linea telefonica.
> Che disdetta: 감탄보어
> È caduta: 동사적 술어
> la linea: 주어
> 해석: 이럴 수가! 전화 통화가 끊어졌다.

감탄보어는 놀람, 기쁨, 고통, 당황 등을 표현하기 위한 표현으로 구성되어 있다. 감탄을 나타내는 한 단어(Oh: 오, Ah: 아, Evviva: 만세 등) 혹은 여러 단어(Che disdetta! 이런!, Che peccato! 제기랄! 등)로 이루어진다.

Che disdetta! È caduta la linea.
Che disdetta!: 감탄 보어/ È caduta: 동사적 술어/ La linea: 주어.
해석: 이런! 전화가 끊어졌네.

문제 1 다음 문장에서 호격 보어 혹은 감탄 보어를 찾아 표시하고, 우리말로 해석하시오.

1) Anna, non correre!
2) O rosa, sei bellissima!
3) Scusi, signore, che ore sono?
4) Caspita! È tardissimo!
5) Carlo, vieni qua, c'è qualcuno al telefono per te.

문제 1 정답

1) Anna. 호격 보어. 해석: Anna, 뛰지 마!
2) O rosa. 호격 보어. 해석: 오, 장미여, 너는 너무나 아름답구나!
3) signore. 호격 보어. 해석: 실례합니다, 선생님, 몇 시에요?
4) Caspita! 감탄 보어. 해석: 이런, 너무 늦었어.
5) Carlo. 호격 보어. 해석: Carlo, 이리 와봐, 누군가가 네게 전화했다.

문제 2 다음 문장을 논리적으로 분석하고, 우리말로 해석하시오.

1) Spegni, Roberto, quella radio!
2) Signorina, mi può portare due caffè?
3) Maria, mi presteresti la tua penna?
4) Che peccato! Le vacanze sono già finite.
5) Signora, posso aiutarla ad attraversare la strada?

문제 2 정답

1) Spegni: 동사적 술어/ (tu): 내포 주어/ Roberto: 호격보어/ quella: 직접 보어의 속사/ radio: 직접 보어. 해석: Roberto야, 저 라디오를 꺼라!
2) Signorina: 호격보어/ (Lei): 내포 주어/ mi: 간접(대상)보어/ può portare: 동사적 술어/ due: 직접 보어의 속사/ caffè: 직접 보어. 해석: 아가씨, 제게 커피 두 잔을 갖다 주십시오.
3) Maria: 호격보어/ (tu): 내포 주어/ mi: 간접(대상)보어/ presteresti: 동사적 술어/ tua: 직접 보어의 속사/ penna: 직접 보어. 해석: Maria, 내게 네 펜을 빌려 주겠니?
4) Che peccato!: 감탄 보어/ Le vacanze: 주어/ sono già finite: 동사적 술어. 해석:
5) Signora: 호격보어/ (io): 내포 주어/ posso aiutar: 동사적 술어/ la: 직접 보어/ ad attraversare: 간접 보어/ la strada: 직접 보어. 해석: 부인, 길을 건너도록 도와드릴까요?

문제 3   다음 문장을 호격 보어 혹은 감탄 보어를 사용하여 이탈리아어로 작문하시오.

1) Mario, 이리와!
2) 나의 하느님, 나를 도와주소서!
3) 너희들, 조용히 해라!
4) 이런! 내 자전거 바퀴가 펑크 났네.
5) 얘들아, 수학책 20페이지 열어라!

문제 3 정답

1) Mario, vieni qua!
2) Dio mio, aiutami!
3) Voi, state zitti!
4) Accidenti, la ruota della mia bici si è bucata.
5) Ragazzi, aprite il libro di matematica alla pagina 20.

2.2. 문장의 논리적 분석(Analisi logica del periodo)

이탈리아어 문장은 단문과 복문으로 구별된다.

단문은 문장의 가장 기본적인 요소인 한 개의 주어와 한 개의 술어로 이루어진 문장으로 **독립적으로 존재할 수 있는 문장**, 즉 **주절의 역할**을 한다.

단문(절 Periodo semplice): 단 '한 개의 술어'가 사용된 단문(절)으로 이루어진 문장을 말한다. 이 경우 하나의 절이 주절의 역할을 하며, 하나의 독립적인 문장을 이룬다.

<u>Mario</u>   <u>suona.</u>
주어   술어
해석: Mario가 연주를 한다.

복문은 두 개 이상의 **술어**로 이루어진 문장으로 **두 개 이상의 단문(절)**로 이루어진 문장이다.

(2.2.1) 복문(Periodo, Frase complessa)의 종류.

복문은 앞서 살펴보았던 '단문'(절)을 기본 단위로 한다. 단문(절)의 분석에서 알 수 있었듯이 단문(절)의 내부에는 단 하나의 술어가 존재한다. 이에 비하여 복문은 술어의 수만큼 여러 절로 구성되어 있다. 복문에는 등위절, 주절, 종속절이 있다.

모든 복문은 항상 '주절'(Proposizioni principali) 또는 '인도절'(Proposizioni reggenti)이라고 불리는 한 개의 단문(절)으로 구성되어 있으며, 그 단문에 또 다른 단문(절)이 연결된다. 이와 같은 연결은 등위 관계 또는 종속 관계로 이루어지는데, 절과 절이 등위 접속사에 의해 연결될 때는 '등위절'(Proposizione coordinative), 종속 접속사에 의하여 연결될 때는 '종속절'(Proposizione subordinate)이라고 한다.

1) 등위절(Proposizioni coordinate): 두 개 이상의 단문이 콤마 혹은 콜론, 또는 등위접속사를 통해 주절에 연결된 형태이다.

<u>Mario suona</u>   e   <u>Paolo canta.</u>
  주절   등위절
해석: Mario는 연주를 하고, Paolo는 노래를 한다.

<u>Anna suona</u>   e   <u>canta.</u>
  주절   등위절

해석: Mario는 연주하고 노래를 한다.

2) 주절

Marco ha trovato un lavoro.
    주절
해석: Marco는 직장을 구했다.

3) 종속절

<u>Prenderò un taxi,</u>   <u>perché è tardi.</u>   해석: 나는 늦었기 때문에 택시를 탈 것이다.
  주절   종속절

주절은 종속절을 인도함으로 '인도절'이라고도 부른다. 한 문장에서 모든 종속절이 주절에 의해 직접 인도되지 않는 경우도 있다. 주절이 한 개 또는 두 개의 종속절만을 인도하는 경우, 종속절은 주절에 의해 인도되지 않는 또 다른 종속절을 이끄는 인도절이 될 수 있다.

Il mio amico ha promesso / che sarebbe venuto / a trovarmi.
해석: 내 친구는 나를 만나러 오겠다고 약속했다.

Il mio amico ha promesso
  주절(인도절)

        che sarebbe venuto
       제 1 종속절(제 2 종속절의 인도절)

                a trovarmi.
                제 2 종속절

<u>Vado</u> da Mario per <u>prendere</u> un caffè e <u>restituirgli</u> il libro che mi <u>aveva prestato</u> la settimana scorsa per <u>preparare</u> l'esame.
해석: 나는 커피를 마시기 위해 그리고 시험을 준비하기 위해 지난주에 내게 빌려 줬던 책을 돌려주기 위해 Mario에게 간다.

<u>Vado da Mario</u>
　주절(인도절)

　　　　　<u>per prendere un caffè</u>　　<u>e restituirgli il libro</u>
　　　　　　　제 1 종속절　　　　　　제 1 종속절의 등위절

　　　　　　　　　　　　<u>che mi aveva prestato la settimana scorsa</u>
　　　　　　　　　　　　　　제 2 종속절(접속사로 연결)

　　　　　　　　　　　　　　　　　　　　　　<u>per preparare l'esame.</u>
　　　　　　　　　　　　　　　　　　　　　제 3 종속절(전치사로 연결)

* **절의 결합(Il montaggio delle proposizioni): 등위와 종속(Coordinazione e subordinazione)**

1. 등위 접속사를 사용
1) 연결(copulativa): e, inoltre, anche, né, nemmeno
　　Ho letto il libro e mi è piaciuto.
　　Ho letto il libro: 주절/ e mi è piaciuto: 주절에의 등위절.
　　해석: 나는 책을 읽었다. 그리고 나는 그 책이 마음에 들었다.

2) 선택(disgiuntiva): o, oppure, ovvero
　　Vuoi andare in auto **o** preferisci in treno?
　　Vuoi andare in auto: 주절/ o preferisci in treno: 주절에의 등위절,
　　해석: 너는 자동차로 가기를 더 좋아하니 아니면 기차로 가는 것을 더 좋아하니?

3) 반의(avversativa): ma, però, tuttavia, anzi, eppure, invece
　　<u>Ho studiato la lezione, **ma** debbo ripeterla ancora.</u>
　　해석: 나는 수업을 공부했다. 하지만 다시 한 번 그것을 반복해야 한다.

4) 설명(esplicativa, dichiarativa): infatti, cioè, ossia, invero
　　<u>Parlava per niente, infatti nessuno lo ascoltava.</u>

해석: 그는 소용없이 말하고 있었다. 즉, 아무도 그의 말을 듣지 않고 있었다.

5) 결론(conclusiva): quindi, perciò, dunque, pertanto,
L'autobus era passato, quindi andò a piedi.
해석: 버스는 지나갔다. 그래서 그는 걸어갔다.

6) 상관(correlativa): e...e, o...o, così...come, sia...sia, né...né, non solo...ma anche 등
Il malato ora si lamentava, ora riposava.
환자는 어떤 때는 슬퍼하고 어떤 때는 휴식을 취했다.

2. 종속 접속사 사용
Dopo la nostra discussione, Roberto ha riconosciuto il suo errore.
Dopo la nostra discussione: 시간 보어/ Roberto: 주어/ ha riconosciuto: 동사적 술어
/ l'errore: 직접 보어/ suo: 직접 보어의 속사
해석: 우리의 토론 후에 Roberto는 자신의 실수를 깨달았다.

Dopo che ha discusso con me, Roberto ha riconosciuto di aver sbagliato.
          종속절   주절
해석: 나와 토론을 한 후에 Roberto는 틀렸다는 것을 깨달았다.

* 문장: 역할(기능)은 동일하나 형태만 바뀐다.
Spero che tu sia sincero.
주절   종속절
해석: 나는 네가 솔직하길 바란다.

       Non so   chi verrà   ad aiutarci.
주절(제 1 종속절의 인도절) / 제 1 종속절(제 2 종속절의 인도절) / 제 2 종속절
해석: 나는 누가 우리를 도우러 올지 알지 못한다.

* 명시적 종속절과 암시적 종속절(Proposizioni subordinate esplicite e implicite)
명시절(Proposizioni esplicite): 한정법 (직설법, 접속법, 조건법, 명령법).
암시절(Proposizioni implicite): 부정법(부정사, 분사, 제룬디오).

L'atleta sperava di <u>vincere</u> la gara. 암시절
     che <u>avrebbe vinto</u> la gara. 명시절
해석: 선수는 경기를 이기기를 희망했다.

È riuscito a entrare, pur <u>essendo</u> in ritardo. 암시절
      benché <u>fosse</u> in ritardo. 명시절
해석: 늦었음에도 그는 들어갈 수 있었다.

암시적 종속절을 이루기 위해서는 아래 예문의 a)와 b)처럼 주절의 **주어와 종속절의 주어가 동일해야** 하며, 이 경우에 명시적(esplicita) 종속절은 암시적(implicita) 종속절로, 암시적 종속절은 명시적 종속절로 변환이 **언제나 가능**하다. 그러나 아래 예문의 c)처럼 주절의 주어와 종속적의 주어가 **다른 경우** 명시적 종속절은 암시적 종속절로 변환이 불가능하다. 다음의 예를 살펴보면 더 쉽게 이해할 수 있다.

a) **(Io)** Penso **che (io) uscirò.** -> (Io) Penso **di uscire.**
    명시적 종속절   암시적 종속절
해석: 나는 외출할 생각이다.

b) (Io) Penso **che (io) gli dirò tutto.** -> (Io) Penso **di dirgli tutto.**
    명시적 종속절   암시적 종속절
해석: 나는 그에게 모든 것을 말할 것이다.

c) **(Io)** Penso **che (tu) gli dirai tutto.** -> X
    명시적 종속절
해석: 나는 네가 그에게 모든 것을 말할 것이라고 생각한다.

(2.2.2) 종속절(Proposizioni subordinate)의 종류

위에서 보았듯이 종속절은 항상 주절에 종속되며, 그 자체로는 문장을 완전하게 구성해주지 못하기 때문에 단독으로 존재할 수 없다. 종속절은 문장에서의 역할에 따라 다음과 같이 구분한다.

> 1. 명사 종속절(Complementari sostantive o dirette)
>   주절에 대하여 주어 또는 직접 보어의 역할을 한다.
>   1) 주격 종속절(Proposizioni soggettive)
>   2) 목적격 종속절(Proposizioni oggettive)
>   3) 설명적 종속절(Proposizioni dichiarative o esplicative)
>   4) 간접 의문 종속절(Proposizioni interrogative indirette)
>   5) 간접 의심 종속절(Proposizioni dubitative indirette)
>
> 2. 형용사 종속절(속사 또는 동격 종속절 Complementari aggettive)
>   주절에 대하여 속사 또는 동격 역할을 한다.
>
> 3. 부사 종속절(Complementari avverbiali o indirette)
>   원인, 목적, 결과, 시간, 양보, 반의, 조건, 비교, 양태, 도구, 제한, 제외, 예외, 첨부 등 주절에 대해 간접 보어 역할을 한다.

(1). 명사 종속절(Complementari sostantive o dirette)

명사 종속절은 문장 안에서 '주어' 또는 '직접 보어' 역할을 함으로써 주절의 의미를 완성하는 종속절을 말한다. 완결 종속절이라고도 한다.

1.1). 주격 종속절(Proposizioni soggettive): 인도절의 술어에 대하여 '주어 역할'을 하는 종속절을 의미한다. 주격 종속절은 주절에 사용되는 다음과 같은 비인칭 동사 또는 비인칭 표현에 의해 인도된다.

a) 비인칭 동사: <accade, avviene, basta, bisogna, capita, consegue, conviene, giova, importa, occore, pare, piace, risulta, sembra 등 + che~> 형태를 취한다.

<u>Bisogna</u>   **che partecipate anche voi.**
  술어   주격 종속절
해석: 너희들도 참가하는 것이 필요하다.

b) 비인칭으로 사용되는 동사: <si dice, si crede, si narra, si spera, si pensa 등 +che~> 형태를 취한다.

<u>Si dice</u>　**che il sindaco si dimetterà.**
　술어　　　　주격 종속절
해석: 시장이 그만 둘 것이라고 말한다.

c) 비인칭 표현: <essere의 3인칭 단수+형용사 또는 명사: è necessario, è meglio, è peccato, è giusto, è bello, è bene, è male, è ora, è tempo 등 + che~> 형태를 취한다.

표현 형태에는 명시적 형태와 암시적 형태가 있다. 명시적 형태는 한정법에 속하는 직설법, 접속법, 조건법, 명령법을 사용하여 주어의 성, 수 및 시제를 확실하게 알 수 있는 형태로 주격 종속절에 종속 접속사 che를 사용한다. 암시적 형태는 부정법에 속하는 부정사(동사원형), 분사, 제룬디오 형태를 사용하는 것으로 주어의 성, 수 및 시제가 불확실한 형태로 주격 종속절에 동사의 원형을 사용하며, 전치사가 필요한 경우에는 di를 사용한다.

명시적 형태: <~ che+직설법 또는 접속법 또는 조건법> 형태를 취한다. '직설법'을 사용하는 경우는 주절(인도절)이 확실함을 표현할 때이다.

<u>È chiaro</u>　**che tu hai ragione.**
　주절　　　　주격 종속절
해석: 네가 옳은 것이 확실하다.

'접속법'을 사용하는 경우는 주절이 주관적인 생각, 가능성, 의심, 희망 등을 표현할 때이다.
<u>È importante</u>　**che la squadra vinca questa partita.**
　주절　　　　　　주격 종속절
해석: 팀이 이번 시합에서 이기는 것은 중요하다.

암시적 형태: <(di)+동사원형> 형태를 취한다.

<u>È ora</u>　**di partire.**
주절　주격 종속절
해석; 떠날 시간이다.

문제 1 다음 문장을 논리적으로 분석하고, 우리말로 해석하시오.

1) Mi pare di aver detto tutto.
2) Era inutile che si tentasse.
3) Era certo che eravamo in Svizzera.
4) È necessario che Anna ritorni.
5) Sembra incredibile che sia successo a me.

문제 1 정답

1) **Mi pare:** 주절/ **di aver detto tutto:** 주격 종속절
   해석: 내가 볼 때 그는 모든 것을 말한 것 같다.
2) Era inutile: 주절/ che si tentasse: 주격 종속절
   해석: 시도했던 것은 쓸모가 없었다.
3) Era certo: 주절/ che eravamo in Svizzera: 주격 종속절.
   해석: 우리가 스위스에 있었던 것이 확실했다.
4) È necessario: 주절/ che Anna ritorni: 주격 종속절
   해석: Anna가 다시 돌아오는 것이 필요하다.
5) Sembra incredibile: 주절/ che sia successo a me: 주격 종속절
   해석: 그것이 내게 일어났다니 믿을 수 없다.

문제 2 다음 문장을 이탈리아어로 작문하시오.

1) 모든 사람이 동의한 것 같다.
2) 네가 행복한 것이 분명하다.
3) 네가 떠난다니 유감이다.(명시적 표현)
4) 내가 볼 때 Maria가 잘못했다.
5) 네가 진실을 아는 것이 필요하다.

문제 2 정답

1) Sembra che tutti siano d'accordo.
2) È evidente che sei felice.
3) Mi dispiace che tu parta.
4) Mi sembra che Maria abbia sbagliato.
5) È necessario che tu conosca la verità.

(1.2). 목적격 종속절(Proposizioni oggettive)

주절의 술어에 대하여 직접 보어 역할을 하는 절을 목적격 종속절이라고 한다.

목적격 종속절은 credere, giudicare, pensare, sapere, affermare, dire, narrare, negare, rispondere, comandare, desiderare, impedire, proibire, volere, dolersi, lamentarsi. godere, rallegrarsi, meravigliarsi, chiedere, domandare, ottenere 등과 같은 주절의 술어(동사)에 의해서 인도된다.

표현 형태에는 명시적 형태와 암시적 형태가 있다.

명시적 형태: <che+직설법 또는 접속법 또는 조건법; come+접속법> 형태를 취한다.

a) 목적격 종속절에 직설법을 사용할 경우는 주절이 사건을 실제적이고 확실하게 나타낼 경우이다.

  Massimo dice **che (tu) gli hai mentito.**
  　　주절　　　　목적격 종속절
  해석: Massimo는 네가 그에게 거짓말을 했다고 말한다.

b) 목적격 종속절에 접속법을 사용할 경우는 사건에 대한 생각 또는 가정을 나타낼 경우이다.

  Massimo pensa **che (tu) gli abbia mentito.**
  　　주절　　　　목적격 종속절
  해석: Massimo는 네가 그에게 거짓말을 했다고 생각한다.

c) 목적격 종속절에 조건법을 사용할 경우는 사건에 대한 가능성을 나타낼 경우이다.

  Massimo pensa **che (tu) saresti capace di mentirgli.**
  　　주절　　　　　목적격 종속절
  해석: Massimo는 네가 그에게 거짓말을 할 수 있을 것이라고 생각한다.

암시적 형태: <di+동사원형> 형태를 취한다. 이와 같은 문장 구조는 주절과 종속절의 주어가 동일할 경우에만 가능하다. ascoltare, sentire, guardare, udire, vedere 와 같은 감각을 지시하는 동사는 전치사 di 없이 직접 동사원형과 결합하는 형태를 취한다.

Spero   di arrivare in tempo.(= che arriverò in tempo)
주절   목적격 종속절
해석: 나는 제 시간에 도착하기를 희망한다.

문제 1 다음 문장을 논리적으로 분석하고, 우리말로 해석하시오.

1) Lo zio ha scritto che verrà a Pasqua.
2) Tutti ritengono che abbia ragione Roberto.
3) Ti prego di tacere.
4) Desidero che tu sia felice.
5) Spero che tu ritorni in tempo.

문제 1 정답

1) Lo zio ha scritto: 주절/ che verrà a Pasqua: 목적격 종속절
   해석: 삼촌은 부활절에 올 것이라고 편지를 썼다.
2) Tutti ritengono: 주절/ che abbia ragione Roberto: 목적격 종속절
   해석: 모든 사람은 Roberto가 옳다고 생각한다.
3) Ti prego: 주절/ di tacere: 목적격 종속절.
   해석: 나는 네게 조용히 해주기를 청한다.
4) Desidero: 주절/ che tu sia felice: 목적격 종속절
   해석: 나는 네가 행복하길 원한다.
5) Spero: 주절/ che tu ritorni in tempo: 목적격 종속절
   해석: 나는 네가 제 시간에 돌아오길 희망한다.

문제 2 다음 문장을 이탈리아어로 작문하시오.

1) 나는 진실을 알고 싶다.(암시적 형태)

2) 나는 네가 틀렸다고 생각한다.(명시적 형태)
3) 나는 제 시간에 도착하기를 희망한다.(암시적 형태)
4) 너는 그 일을 즉시 끝내야 한다는 것을 기억해라.(명시적 형태)
5) 너는 우리가 이곳에 오랜 시간을 있어야 한다고 생각하니?(명시적 형태)

> 문제 2 정답

1) Desidero conoscere la verità.
2) Penso che tu abbia sbagliato.
3) Spero di arrivare in tempo.
4) Ricorda che devi finire subito quel lavoro.
5) Credi che dovremmo stare qui per molto tempo?

(1.3). 설명적 종속절(Proposizioni dichiarative o esplicative): 문장의 의미를 완성하기 위하여 주절에 있는 명사 또는 지시 대명사를 명확하게 설명하는 절을 설명적 종속절이라고 한다.

a) 설명적 종속절은 의견, 확신, 희망을 지시하는 동사로부터 유래된 la speranza, la certezza, il desiderio, il pensiero 등과 같은 주절의 명사 의해서 인도된다.

Ho *la speranza* che un giorno ti rivedrò.(la speranza가 무엇인지 설명)
　　주절　　　　　설명적 종속절
해석: 나는 언젠가 너를 다시 볼 수 있을 것이라는 희망을 가지고 있다.

b) 설명적 종속절은 questo, quello, ciò 등과 같은 주절의 지시 대명사에 의해서 인도된다.
지시대명사는 argomento, fatto, circostanza, punto 등을 동반할 수 있다.

Su questo *punto* non concordiamo, che si debba decidere immediatamente.
　　　　　주절　　　　　　　　　　　　설명적 종속절
해석: 우리는 즉시 결정해야만 한다는 이 점에 대해 일치하지 않는다.

c) 설명적 종속절은 fare bene, fare male, una cosa, di una cosa 등과 같은 주절의 관용구에 의해서 인도된다.

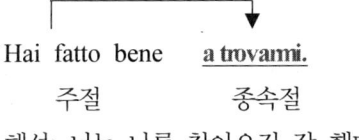

Hai fatto bene   a trovarmi.
    주절   종속절
해석: 너는 나를 찾아오길 잘 했다.

* 설명적 종속절에는 명시적 형태와 암시적 형태가 있다.
a) 명시적 형태: <종속접속사 che+직설법; 종속접속사 che+접속법; 종속접속사 che+조건법> 형태를 취한다.

Questo non ammetto,   che tu ti comporti così.
     주절   설명적 종속절(Questo가 무엇인지 설명)
해석: 나는 네가 그렇게 행동한다는 것을 받아들이지 못한다.

b) 암시적 형태: 암시적 형태는 주절의 주어와 종속절의 주어가 일치할 경우에만 사용되며, <전치사 di+동사원형>의 형태를 취한다.

Ho avuto *fortuna*   di incontrarti.
    주절   설명적 종속절(fortuna가 무엇인지 설명)
해석: 나는 너를 만나는 행운을 얻었다.

문제 1 다음 문장을 논리적으로 분석하고, 우리말로 해석하시오.

1) Questo mi rattrista, che tu sia infelice.
2) Questo desideravo: di rimanere solo.
3) Ho le prove di non essermi sbagliato.
4) Ho la convinzione che quella donna è innocente.
5) Mario ha la certezza di essersi comportato bene.

문제 1 정답

1) Questo mi rattrista: 주절/ che tu sia infelice: 설명적 종속절(Questo가 무엇인지 설명)
   해석: 네가 불행하다는 것이 나를 슬프게 한다.
2) Questo desideravo: 주절/ di rimanere solo: 설명적 종속절(Questo가 무엇인지 설명)
   해석: 나는 혼자 남아있는 것을 원했다.
3) Ho le prove: 주절/ di non essermi sbagliato: 설명적 종속절.(le prove가 무엇인지 설명)
   해석: 나는 내가 틀리지 않았다는 증거를 가지고 있다.
4) Ho la convinzione: 주절/ che quella donna è innocente: 설명적 종속절(la convinzione가 무엇인지 설명)
   해석: 나는 그 여자가 무죄라는 확신을 가지고 있다.
5) Mario ha la certezza: 주절/ di essersi comportato bene: 설명적 종속절(la certezza가 무엇인지 설명)
   해석: Mario는 자신이 행동을 잘 했다는 확신을 가지고 있다.

문제 2 다음 문장을 이탈리아어로 작문하시오.

1) 나는 그 남자가 나를 속였다고 확신한다.(la certezza 사용)
2) 나는 우리가 서로 빨리 다시 만날 거라는 희망을 가지고 있다.(la speranza 사용)
3) 의사가 네게 휴식기를 명령한 것은 잘했다.(fare bene 사용)
4) 나는 아직 소식을 듣지 못한 사실이 걱정된다.(di 사용)
5) Mario가 멀리 있다는 것이 나를 고통스럽게 한다.(questo 사용)

문제 2 정답

1) Ho la certezza che quell'uomo mi ha ingannato.
2) Ho la speranza che ci rivedremo presto.
3) Il medico ha fatto bene a ordinarti un periodo di riposo.
4) Mi preoccupa il fatto di non avere ancora notizie.
5) Questo mi tormenta, che Mario è lontano.

(1.4). 간접 의문 종속절(Proposizione interrogativa indiretta)

간접 의문 종속절은 질문 또는 의문점 등을 간접적인 형태로 표현하는 절로 물음표를 사용하지 않는다. 간접의문 종속절은 <chi ; che cosa ; quale ; quanto ; come ; quando ; dove ; perché 등>과 같은 의문대명사, 의문형용사, 의문부사에 의해 인도된다.

다음의 두 예에서 직접 의문문과 간접 의문 종속절의 차이를 살펴보자.

직접 의문문
Quanti anni hai?
해석: 넌 몇 살이니?

　　주절　　　간접 의문 종속절
Ti chiedo　quanti anni hai.
해석: 나는 네게 몇 살이냐고 묻는다.

문제 1 다음 문장을 논리적으로 분석하고, 우리말로 해석하시오.

1) Dimmi che Mario dorme.
2) Dimmi se questa notizia è vera o falsa.
3) Fatemi sapere se verrai con me.
4) Anna ha chiesto a Mario se non capiva.
5) Ti chiedo se ti piace studiare l'italiano.

문제 1 정답

1) Dimmi: 주절/ che Mario dorme: 간접의문 종속절
   해석: Mario가 잠을 자는지 내게 말해라.
2) Dimmi: 주절/ se questa notizia è vera o falsa: 간접의문 종속절
   해석: 이 소식이 사실인지 거짓인지 내게 말해라.
3) Fatemi sapere: 주절/ se verrai con me: 간접의문 종속절
   너는 나와 함께 갈 것인지 내게 알려줘.
4) Anna ha chiesto a Mario: 주절/ se non capiva: 간접의문 종속절
   해석: Anna는 Mario에게 이해하지 못하는지 물었다.

5) Ti chiedo : 주절/ se ti piace studiare l'italiano : 간접의문 종속절
   해석: 나는 네가 이탈리아어 공부하는 것을 좋아하는지 묻는다.

문제 2 다음 문장을 이탈리아어로 작문하시오.

1) 너는 도시에서 살기를 선호하는지 내게 말해라.
2) 너는 내게 어느 길이 가장 짧은지 말해줘.
3) 나는 내가 무엇을 생각하는지 말할 것이다.
4) 무엇이 너를 고통스럽게 하는지 내게 말해라.
5) 선생님은 Maria가 언제 태어났는지 물었다.

문제 2 정답

1) Dimmi se preferisci vivere nella città.
2) Dimmi qual è la strada più breve.
3) Dirò che cosa penso.
4) Dimmi cosa ti tormenta.
5) Il professore ha chiesto quando è nata Maria.

(1.5). 간접 의심 종속절(Proposizioni dubitative indirette)

간접의심 종속절은 의심과 불확실을 간접적인 형태로 나타내는 것으로, 간접의문 종속절이 어떤 대답을 이끌어 내기 위한 것이라면, 간접의심 종속절은 의심, 불확실함을 표현하기 위한 것이다. 주절은 <dubito; sono incerto; non sono sicuro; non so; sono in dubbio 등>의 동사 혹은 관용구에 의해 인도되며, 종속절에는 <dovere; potere> 와 같은 동사가 주로 사용된다.

Non so cosa devo fare.
Non so: 주절/ cosa devo fare: 간접의심 종속절
해석: 나는 무엇을 해야 할지 모른다..

문제 1 다음 문장을 논리적으로 분석하고, 우리말로 해석하시오.

1) Non so se rimarrò a Roma.
2) Non so se dovrei rimanere o partire.

3) Sono in dubbio se lui mi capisca.
4) Non so se Mario possa partecipare.
5) Non sapevamo quale fosse il programma della giornata.

문제 1 정답

1) Non so: 주절/ se rimarrò a Roma: 간접의심 종속절
   해석: 나는 로마에 머무를지 모르겠다.
2) Non so : 주절/ se dovrei rimanere o partire : 간접의심 종속절
   해석: 나는 남아야 할지 아니면 떠나야 할지 모르겠다.
3) Sono in dubbio: 주절/ se lui mi capisca: 간접의심 종속절
   해석: 나는 그가 나를 이해하는지 의심이 든다.
4) Non so: 주절/ se Mario possa partecipare: 간접의심 종속절
   해석: 나는 Mario가 참석할 수 있는지 모른다.
5) Non sapevamo : 주절/ quale fosse il programma della giornata : 간접의심 종속절
   해석: 우리는 하루의 프로그램이 무엇이었는지 알지 못했다.

문제 2 다음 문장을 이탈리아어로 작문하시오.

1) 나는 누구에게 답장을 해야 할지 몰랐다.
2) 나는 네가 누구와 함께 영화를 보러 가는지 알고 싶다.
3) 나는 네가 진실을 말하는지 의심스럽다.
4) 나는 이 일을 언제 끝낼 수 있을지 모른다.
5) 꽃을 선물할지 아니면 향수를 선물할지 나는 모른다.

문제 2 정답

1) Non sapevo a chi rispondere.
2) Vorrei sapere con chi vai al cinema.
3) Dubito che tu dica la verità.
4) Non so quando potrò finire questo lavoro.
5) Non so se regalare dei fiori o un profumo.

(2) 형용사 종속절(Complementer: aggettive)

형용사 종속절에는 '본질적 관계 종속절'과 '비본질적 관계 종속절'이 있다.

2.1.) 본질적 관계 종속절

형용사 혹은 동격의 역할을 하는 종속절을 의미하며, 형태에는 명시적 형태와 암시적 형태가 있다.

명시적 형태: <관계대명사 che; il quale; a cui; di cui... 관계부사 dove; da dove; per dove 등>을 사용하며, 형용사 혹은 동격의 역할을 한다.

<u>Ho indossato il vestito</u>   **che è nuovo.**
    주절   관계 종속절(= nuovo)

해석: 나는 새 옷을 입었다.

암시적 형태: <동사원형; da+동사원형; a cui+동사원형; 분사> 형태를 사용한다.

<u>Ho visto molta gente</u>   **correre.**
   주절   관계 종속절(= che correva)
해석: 나는 달리기 하는 많은 사람을 보았다.

2.2) 비본질적 관계 종속절

간접 보어 혹은 부사의 역할을 하는 종속절을 의미하며, 다양한 형태를 취한다.

<원인>

<u>Invidio Maria</u>   **che è già in vacanza.**(= poiché è già in vacanza)
  주절   관계 종속절

해석: 나는 이미 휴가 중인 Maria가 부럽다.

<양보>

Mario, <u>**che ha studiato l'italiano per due anni,**</u> non è riuscito a tradurre quella frase.
    관계 종속절(= pur avendo studiato italiano per due anni)

해석: Mario는 2년 동안 이탈리아어를 공부했음에도 그 문장을 번역하지 못했다.

문제 1 다음 문장을 논리적으로 분석하고, 우리말로 해석하시오.

1) L'ho incontrata che usciva dal cinema.
2) Chiamerò un idraulico che ripari il rubinetto.
3) Anna è fortunata che viaggia molto.
4) Torno spesso nel paese dove sono nato.
5) Questo è il ragazzo di cui ti ho parlato.

문제 1 정답

1) L'ho incontrata: 주절/ che Mario usciva dal cinema: 비본질적 관계 종속절 (= mentre Mario usciva dal cinema): <시간>
   해석: 나는 Mario가 극장에서 나올 때 그를 만났다.
2) Chiamerò un idraulico: 주절/ che ripari il rubinetto: 비본질적 관계 종속절 (= affinché ripari il rubinetto): <목적>
   해석: 나는 수도꼭지를 수리하도록 수도수리공을 부를 것이다.
3) Anna è fortunata: 주절/ che viaggia molto: 비본질적 관계 종속절 (= perché viaggia molto): <원인>
   해석: Anna는 여행을 많이 하기 때문에 운이 좋다.
4) Torno spesso nel paese: 주절/ dove sono nato: 본질적 관계 종속절(= natale)
   해석: 나는 종종 내가 태어났던 마을에 돌아온다.
5) Questo è il ragazzo: 주절/ di cui ti ho parlato: 본질적 관계 종속절(= del quale)
   해석: 이 아이가 내가 네게 말했던 그 소년이다.

문제 2 다음 문장을 이탈리아어로 작문하시오.

1) 이것은 세탁소에 가져갈 정장이다.(da 사용)
2) 이것을 말하는 사람이라면 그는 거짓말쟁이다.(chi 사용)
3) 나는 네가 내게 선물한 책을 잃어버렸다.(che 사용)
4) 내가 살고 있는 도시는 서울이다.(dove 사용)
5) 이탈리아에서 10일전에 보낸 서류가 아직 도착하지 않았다.(과거분사 spedito 사용)

> 문제 2 정답

1) Questo è l'abito da portare in lavanderia.
2) Chi dicesse questo, sarebbe un bugiardo.
3) Ho perso il libro che mi hai regalato.
4) La città dove vivo è Seoul.
5) Non è ancora arrivato il documento spedito dall'Italia 10 giorni fa.

(3). 부사 종속절(Complementer: avveriali o indirette)

절에서 간접 보어 및 부사적 보어(complementi avverbiali) 역할과 동일하다.
상황적 종속절에는 원인 종속절, 목적 종속절, 결과 종속절, 시간 종속절, 양보 종속절, 조건 종속절, 관계 종속절 등이 있다.

3.1). 원인 종속절(Proposizioni causali)

원인 종속절은 주절에서 발생한 결과에 대한 원인을 나타낸다.
형태에는 명시적 형태와 암시적 형태가 있다.

a) **명시적 형태:** 주로 접속사 <perché, poiché, siccome, giacché, che, ché>가 사용된다. 또한 <dato che, visto che, considerato che, per il fatto che, per il motivo che, dal momento che> 등의 관용구도 사용된다.

현실적인 원인일 경우를 지시할 경우에는 '직설법'을 사용하며, 확실히 실현 가능성이 없는 가능성, 가정, 요구 등을 지시할 경우는 '조건법'을, 비현실적인 원인과 부정문일 경우에는 '접속법'을 사용한다. 접속법을 사용하는 원인 종속절은 non perché, non che, non già che 등에 의해 인도된다.
접속사 perché는 경우 비현실적인 원인일 경우에는 '접속법'을 사용하고, 현실적인 원인일 경우에는 '직설법'을 사용한다. non perché+접속법... ma perché+직설법 형태 사용.

<u>Sono scivolato, **perché** il pavimento era bagnato.</u>
     주절   **원인 종속절**
해석: 바닥이 젖어있었기 때문에 나는 미끄러졌다.

b) **암시적 형태:** 암시적 형태는 주절의 주어와 종속절의 주어가 일치할 경우에 가능하다.
부정법 형태(동사원형, 제룬디오, 과거분사)를 모두 사용할 수 있다.
<전치사 per, di, a +동사원형> 형태 사용,

1) **Avendo** guardato tutto il giorno la televisione, non hai fatto i compiti.
   　　　원인 종속절　　　　　　　　　　　　　　　　주절
   해석: 너는 하루 종일 텔레비전을 보았기 때문에 숙제를 하지 않았다.
   (= Non hai fatto i compiti, perché hai guardato la TV tutto il giorno.)

2) **Bruciata** la minestra, sono rimasto senza pranzo.
   　　　원인 종속절　　　　　　　주절
   해석: 스프를 태웠기 때문에 나는 점심을 먹지 못했다.

3) Mario è contento **di** aver passato l'esame.
   　　　주절　　　　　　원인 종속절
   해석: Mario는 시험을 통과했기 때문에 기쁘다.

문제 1 │ 다음 문장을 주절과 종속절로 분석하고 종속절의 기능을 적으시오. 또한 문장의 형태(명시적 형태, 암시적 형태)를 표시하시오.

1) Vai a letto, che è tardi.
2) Dato che era buio, ho acceso la luce.
3) Ho pagato una multa per aver oltrepassato i limiti di velocità.
4) Maria non è venuta a scuola, perché è malata.
5) Finito il corso, ho ricevuto il certificato.

문제 1 정답

1) Vai a letto: 주절/ che è tardi: 원인 종속절. 해석: 자거라. 늦었기 때문이다. 명시적 형태.
2) Dato che era buio: 원인 종속절/ ho accesso la luce: 주절.
   해석: 어두웠기 때문에 나는 불을 켰다. 명시적 형태.
3) Ho pagato una multa: 주절/ per aver oltrepassato i limiti di velocità: 원인 종속절.
   해석: 나는 제한 속도를 넘었기 때문에 벌금을 냈다. 암시적 형태.
4) Maria non è venuta a scuola: 주절/ perché è malata: 원인 종속절.
   해석: Maria는 아프기 때문에 학교에 오지 않았다. 명시적 형태.
5) Finito il corso: 원인 종속절/ ho ricevuto il certificato: 주절.
   해석: 나는 코스를 끝냈기 때문에 수료증을 받았다. 암시적 형태.

2. 문장의 논리적 분석

문제 2 다음 문장을 이탈리아어로 작문하시오.

1) 네가 원하기 때문에 나는 그 일을 할 것이다. (명시적 형태로. perché 사용)
2) 나는 피곤하기 때문에 외출하지 않을 것이다. (명시적 형태로. poiché 사용)
3) 사고가 발생했기 때문에 교통이 막혔다. (명시적 형태로. perché 또는 poiché 사용)
4) 더웠기 때문에 나는 옷을 벗었다. (암시적 형태로. 제룬디오 사용)
5) 그는 법을 어겼기 때문에 벌을 받았다. (암시적 형태로. per 사용)

문제 3 정답

1) Farò quel lavoro perché lo vuoi.
2) Poiché sono stanco(a) non esco.
3) Il traffico è bloccato perché è avvenuto un incidente.
   또는 Poiché è avvenuto un incidente, il traffico è bloccato.
4) Facendo caldo, mi sono tolto la giacca.
5) Fu punito per aver trasgredito la legge.

3.2). 목적 종속절(Proposizioni finali)

목적 종속절은 주절에서 표현된 행동이 어떠한 목적으로 이루어지는지 그리고 어떠한 목적을 향하는 경향이 있는지를 표현한다.

형태에는 명시적 형태와 암시적 형태가 있다.

a) 명시적 형태: <접속사 perché, affinché 혹은 관용구 in modo che>를 사용하며, 접속법을 사용한다.

1) <u>Lo ripeterò,</u>   <u>perché tutti capiscano bene.</u>
    주절   목적 종속절
   해석: 나는 모두가 이해할 수 있도록 그것을 반복할 것이다.

2) <u>La nostra vita deve essere piena di musica,   in modo che la melodia pervada tutte le nostre azioni.</u>

   La nostra vita deve essere piena di musica: 주절
   in modo che la melodia pervada tutte le nostre azioni.: **목적 종속절**

해석: 멜로디가 우리의 모든 행동을 pervada하도록 우리 인생은 음악으로 가득차야만 한다.

b) 암시적 형태: 전치사 <per; a; di; da; + 동사원형>, 또는 <관용구 al fine di; allo scopo di; in modo di; nell'intendo di; + 동사원형> 형태를 취한다. 목적 종속절의 암시적 형태는 주절의 주어와 목적 종속절의 주어가 동일한 경우뿐만 아니라 다른 경우에도 가능하다.

<주절의 주어와 목적 종속절의 주어가 동일한 경우>
Vado in biblioteca   per studiare l'italiano.
   주절   **목적 종속절**
해석: 나는 이탈리아어를 공부하기 위해 도서관에 간다.

<주절의 주어와 목적 종속절의 주어가 다른 경우>
Il padrone di casa ha invitato gli ospiti   ad assaggiare un vino rosso.
         주절   **목적 종속절**
해석: 집 주인은 손님들에게 적포도주를 맛보도록 권했다.

문제 1 다음 문장을 <u>주절과 종속절로 분석하고 종속절의 기능을 적으시오</u>. 또한 <u>문장의 형태</u>(명시적 형태, 암시적 형태)를 표시하시오.

1) Ti ho chiamato allo scopo di darti dei consigli.
2) Maria e Anna sono andate al supermercato a fare la spesa.
3) Farei qualunque cosa, pur di renderti felice.
4) Marco ha deciso di parlare, affinché tutti conoscessero la verità.
5) Roberto è venuto qui per vederti.

문제 1 정답

1) Ti ho chiamato: 주절/ allo scopo di darti dei consigli: 목적 종속절.
   해석: 나는 네게 충고를 하기 위하여 너를 불렀다. 암시적 형태.
2) Maria e Anna sono andate al supermercato: 주절/ a fare la spesa.: 목적 종속절.
   해석: Maria와 Anna는 쇼핑하러 슈퍼마켓에 갔다. 암시적 형태.
3) Farei qualunque cosa: 주절/ pur di renderti felice: 목적 종속절.
   해석: 나는 너를 행복하게 하기 위해 무엇이든지 하겠다. 암시적 형태.

4) Marco ha deciso di parlare: 주절/ affinché tutti conoscessero la verità: 목적 종속절.
   해석: Marco는 모두가 진실을 알 수 있도록 말하기로 결심했다. 명시적 형태.
5) Roberto è venuto: 주적/ qui per vederti: 목적 종속절
   해석: Roberto는 너를 보기 위해 이곳에 왔다. 암시적 형태

문제 2 다음 문장을 이탈리아어로 작문하시오.

1) 너희들은 떠날 준비를 해라. (암시적 형태. 전치사 a 사용)
2) 제게 읽을 책을 한 권 주십시오. (암시적 형태. 전치사 da 사용)
3) 나는 살을 빼기 위해 다이어트를 한다. (암시적 형태. allo scopo di 사용)
4) Maria는 약간의 신선한 공기를 마시기 위해 잠깐 밖으로 나갔다. (암시적 형태 전치사 per 사용)
5) 학교는 더 이상 사고가 발생하지 않도록 안전 시스템을 향상시켰다. (명시적 형태. perché) 사용

문제 2 정답

1) Preparatevi a partire.
2) Mi dia un libro da leggere.
3) Seguo una dieta allo scopo di dimagrire.
4) Maria è uscita un momento per prendere un po' d'aria fresca.
5) La scuola ha migliorato i sistemi di sicurezza perché non avvengano più incidenti.

3.3). 결과 종속절(Proposizioni consecutive)

Marco è così simpatico   che tutti lo invitano.
  주절   결과 종속절

해석: 모든 사람이 그를 초대할 정도로 Marco는 마음씨가 매우 좋다.

결과 종속절은 주절에서 말한 것에 대한 결과를 나타낸다.
주절에는 <부사 così, sì, talmente, tanto 또는 형용사 tale, siffatto, simile> 등이 주로 사용된다. 그러나 경우에 따라서 <cosicché 또는 al punto da>와 같은 관용구도 사용된다.
형태: '결과 종속절'은 명시적 형태와 암시적 형태를 취할 수 있다.
a) 명시적 형태: <부사 così; tanto; talmente+che+직설법 형태>를 취하거나, <형용사 tale;

simile+che+직설법> 형태를 취한다. 명시절에서 일반적으로 직설법 형태를 취하지만, 결과가 확실함을 나타내는 것이 아니라 단지 가능성만을 나타낼 경우 혹은 완전히 불가능한 것을 나타낼 경우에는 '접속법'을 사용한다. 또한 숨어있는 조건이 있는 경우에는 '조건법'을 사용한다.

<u>Maria dormiva così profondamente</u>　<u>che non si è accorta di niente.</u>
　　　　주절　　　　　　　　　　　　결과 종속절
해석: Maria는 아무것도 모를 정도로 깊이 잠들었다.

<u>Fate</u>　<u>in modo che nessuno mi veda.</u>
주절　　　　결과 종속절
해석: 너희들은 Carlo 나를 보지 못하게 해라.(누군가 나를 볼 가능성이 있으므로 접속법 동사 veda 사용)

<u>Maria è così generosa</u>　<u>che aiuterebbe tutti.</u>
　　주절　　　　　　　　　결과 종속절
해석: Maria는 모든 사람을 도와줄 정도로 인자하다.('도와줄 경우가 발생한다면'라는 의미가 포함되어 있다. 조건법 동사 aiuterebbe 사용-)

b) 암시적 형태: da, per, al punto da, degno di, indegno di, il primo a, l'ultimo a +동사원형. 암시적 형태는 주절과 종속절의 주어가 동일할 경우에만 가능하다.

<u>Marco era tanto emozionato</u>　<u>da non vedere nessuno.</u>
　　　　주절　　　　　　　　　　결과 종속절
해석: Marco는 그의 눈에 아무도 보이지 않을 정도로 너무 흥분해 있었다.

문제 1 다음 문장을 <u>주절과 종속절로 분석하고 종속절의 기능을 적으시오</u>. 또한 <u>문장의 형태</u>(명시적 형태, 암시적 형태)를 표시하시오.

1) Nevicava troppo cosicché abbiamo rinunciato a uscire.
2) Il suo discorso era noioso al punto da spingere molti ad abbandonare la sala.
3) Alla festa c'era una tale confusione che non si capiva niente.
4) La proposta è talmente assurda da non meritare alcuna considerazione.
5) Mario è abbastanza ricco da poter offrire la cena a tutti.

문제 1 정답

1) Nevicava troppo: 주절/ cosicché abbiamo rinunciato a uscire: 결과 종속절. 해석: 외출하는 것을 포기해야 할 정도로 눈이 너무 많이 왔다. 명시적 형태.
2) Il suo discorso era noioso: 주절/ al punto da spingere molti ad abbandonare la sala: 결과 종속절. 해석: 많은 사람들이 방을 떠나야 할 정도로 그의 연설은 지겨웠다. 암시적 형태.
3) Alla festa c'era una tale confusione: 주절/ che non si capiva niente: 결과 종속절.
   해석: 아무것도 이해할 수 없을 정도로 잔치는 너무 혼란스러웠다. 명시적 형태.
4) La proposta è talmente assurda: 주절/ da non meritare alcuna considerazione: 결과 종속절.
   해석: 아무런 고려조차 하지 않을 정도로 그 제안은 너무나 형편없었다. 암시적 형태.
5) Mario è abbastanza ricco: 주절/ da poter offrire la cena a tutti: 결과 종속절.
   해석: Mario는 모두에게 저녁 식사를 제공할 정도로 상당히 부자이다. 암시적 형태.

문제 2 다음 문장을 이탈리아어로 작문하시오.

1) 아무것도 분간할 수 없을 정도로 너무나 어두웠다. (암시적 형태, 전치사 da 사용)
2) Maria는 피곤해 죽을 정도로 춤을 추었다. (암시적 형태. al punto da 사용)
3) 우리가 모든 창문을 열어놓고 있어야 할 정도로 너무 더웠다. (명시적 형태. che 사용)
4) 메시지는 모두가 그것을 이해할 수 있도록 만들어져야만 한다. (명시적 형태, in modo tale 사용)
5) 노조가 협상을 결렬시킬 정도로 정부에서 제안한 인상은 매우 미비한 것이었다. (암시적 형태. 전치사 da 사용)

문제 2 정답

1) Il buio era così fitto da non distinguere niente.
2) Maria ha ballato al punto da essere stanca morta.
3) Faceva talmente caldo che tenevamo tutte le finestre spalancate.
4) Il messaggio deve essere formulato in modo tale che tutti lo possano capire.
5) Gli aumenti proposti dal governo erano tanto esigui da spingere i sindacati alla rottura delle trattative.

3.4). 시간 종속절(Proposizioni temporali)

시간 종속절은 주절과 종속절 사이의 현재, 과거, 미래의 시간적인 관계를 지시한다. 단문에서의 시간보어와 동일한 기능을 한다. '언제?' '얼마동안?' 이라는 질문에 대한 대답이다.

시간 종속절에는 주절의 사건과 종속절의 사건의 동시에 발생한 것을 나타내는 '동시성', 주절의 사건이 종속절의 사건 이전에 발생한 것을 나타내는 '선행성', 주절의 사건이 종속절의 사건 이후에 발생한 것을 나타내는 '후행성'이 있다.

동시성: 주절의 사건과 종속절의 사건의 동시에 발생한 것을 나타내며, 명시적 형태와 암시적 형태가 있다.

a) 명시적 형태: 접속사 <quando; mentre; come; allorché; allorquando+직설법> 또는 관용구 <al tempo in cui; nel momento che; nel momento in cui+직설법> 형태를 사용한다.

<u>Quando viaggio in autobus,</u>　<u>non riesco a leggere.</u>
　　시간 종속절　　　　　　　　　주절
해석: 나는 버스로 여행할 때, 책을 읽을 수 없다.

b) 암시적 형태: 이와 같은 문장 구조는 주절과 종속절의 주어가 동일할 경우에만 가능하다. <제룬디오 현재> 또는 <in(관사와 함께)+동사원형> 형태를 사용한다.

<u>Facendo cena,</u>　<u>guardavo la TV.</u>
시간 종속절　　　　　주절
해석: 나는 저녁식사를 할 때 텔레비전을 보곤 했다.

선행성: 주절의 사건이 종속절의 사건 이전에 발생한 것을 나타내며, 명시적 형태와 암시적 형태가 있다.

a) 명시적 형태: <prima che+접속법> 형태를 사용한다.

<u>L'ho chiamato al telefono</u>　<u>prima che lui esca di casa.</u>
　　　주절　　　　　　　　　　　　**시간 종속절**
해석: 나는 그가 집에서 나가기 전에 그에게 전화했다.

* prima che 다음에 직설법이 올 경우, prima che는 appena(즉시, ~하자마자)의 의미이다.

Ti spedirò il pacco   **prima che potrò**.
　　주절　　　　　　　시간 종속절

해석: 네게 가능한 한 즉시 소포를 보내주겠다.

b) 암시적 형태: 이와 같은 문장 구조는 주절과 종속절의 주어가 동일할 경우에만 가능하다. <prima di; fino a+동사원형>의 형태를 취한다.

Telefonami,   **prima di partire**.
　주절　　　　　시간 종속절

해석: 너는 출발하기 전에 내게 전화해라.

후행성: 주절의 사건이 종속절의 사건 이후에 발생한 것을 나타내며, 명시적 형태와 암시적 형태가 있다.

a) **명시적 형태**: <dopo che+직설법>, <quando, come, appena+직설법> 형태를 취한다.

Dopo che avrai fatto i compiti   potrai uscire.
　　시간 종속절　　　　　　　　　　주절

해석: 너는 숙제를 한 후에 외출 할 수 있다.

b) **암시적 형태**: <dopo+avere(essere)+과거분사> 또는 <una volta+과거분사> 형태를 취한다. 이와 같은 문장 형태는 주절과 종속절의 주어가 동일할 경우에만 가능하다.

Dopo aver comprato la torta,   Maria è tornata a casa.
　　시간 종속절　　　　　　　　　　　　주절

해석: Maria는 케이크를 구입한 후 집에 돌아왔다.

문제 1 다음 문장을 주절과 종속절로 분석하고 종속절의 기능을 적으시오. 또한 문장의 형태(명시적 형태, 암시적 형태)를 표시하시오.

1) Tornando dall'ufficio, passerò in banca.
2) Prima che tu esca, vorrei dirti una cosa.
3) Comprata la torta, Maria è tornata a casa.

4) Dopo che avrò finito il lavoro, potrò uscire.
5) Marco beve un caffè mentre Maria ascolta la radio.

문제 1 정답

1) Tornando dall'ufficio: 시간 종속절/ mio padre passerà in banca: 주절.
   해석: 내 아버지는 사무실에서 돌아올 때, 은행에 들를 것이다. 명시적 형태.
2) Prima che tu esca: 시간 종속절/ vorrei dirti una cosa: 주절.
   해석: 네가 외출하기 전에, 나는 네게 한 가지 말하고 싶다. 명시적 형태
3) Comprata la torta: 시간 종속절/ Maria è tornata a casa: 주절.
   해석: 케이크를 산 후에 Maria는 집에 돌아왔다. 암시적 형태.
4) Dopo che avrò finito il lavoro: 시간 종속절/ potrò uscire: 주절.
   해석: 나는 일을 끝낸 후에 외출 할 수 있다. 명시적 형태
5) Marco beve un caffè: 주절/ mentre Maria ascolta la radio: 시간 종속절.
   해석: Marco가 커피를 마실 때, Maria는 라디오를 듣는다. 명시적 형태.

문제 2 다음 문장을 이탈리아어로 작문하시오.

1) 나는 네가 올 때까지 기다릴 것이다. (finché 사용, 명시적 형태)
2) Marco는 도착하기 전에 내게 전화를 했다. (prima di 사용, 암시적 형태)
3) 식사를 한 후에 나는 항상 산책을 한다. (dopo 사용, 암시적 형태)
4) 네가 내게 편지를 쓴 다음부터 나는 네 생각만 했다. (da quando 사용, 명시적 형태)
5) 나는 이 일을 끝낸 후에서야 더욱 만족을 느낄 것이다. (dopo che 사용, 명시적 형태)

문제 2 정답

1) Attenderò finché tu non venga.
2) Prima di arrivare, Marco mi ha telefonato.
3) Dopo aver cenato faccio sempre una passeggiata.
5) Da quando mi hai scritto, non ho fatto che pensare a te.
4) Mi sentirò più soddisfatto dopo che avrò finito questo lavoro.

3.5). 양보 종속절(Proposizioni concessive)

양보 종속절은 종속절에서 예상했던 상황과는 완전히 다른 상황이 주절에서 발생한 것을 나타낸다. 양보 종속절은 양보 보어와 동일한 역할을 하며, '무엇에도 불구하고?'라는 질문에 대한 답이다.

<u>Anche se ti voglio bene</u>, <u>non riesco a dimostrarlo</u>.
   양보 종속절   주절
해석: 비록 나는 너를 사랑하지만, 그것(사랑한다는 것)을 보여줄 수 없다.

'양보 종속절'은 명시적 형태와 암시적 형태를 취할 수 있다.

a) 명시적 형태: <anche se; neanche se; nemmeno se; anche quando+직설법> 형태를 사용한다. <chiunque; qualunque; qualsiasi+접속법> 형태를 사용한다. <benché; sebbene; quantunque; nonostante; malgrado+접속법> 형태 또는 관용구 <per quanto; con tutto che; quand'anche; a costo di+접속법> 형태를 사용한다.

<u>Anche se tu non sei d'accordo</u>, <u>lo farò lo stesso</u>.
   양보 종속절   주절
해석: 네가 동의하지 않는다 할지라도, 나는 마찬가지로 그것을 할 것이다.

<u>Benché tu non sia d'accordo</u>, <u>lo farò lo stesso</u>.
   양보 종속절   주절
해석: 네가 동의하지 않는다 할지라도, 나는 마찬가지로 그것을 할 것이다.

b) 암시적 형태: 암시적 형태는 주절과 종속절의 주어가 동일할 경우에만 가능하다.
<pur(e); anche+제룬디오>, <per+동사원형>, <nemmeno a; neppure a; neanche a; manco a+동사원형>, <a costo di+동사원형>, <con tutto il+동사원형> 형태를 사용한다.

<u>Pur conoscendo la verità</u>, <u>non la rivelò</u>.
   양보 종속절   주절
해석: 그는 진실을 알고 있음에도, 그것을 밝히지 않았다.

* 종속절에 비인칭 동사가 있는 경우 주절의 주어와 종속적의 주어가 같지 않아도 암시적 형태가 가능하다.

Pur facendo freddo,   i bambini vogliono uscire.
　 양보 종속절　　　　　　　주절

해석: 날씨가 추움에도 불구하고, 아이들은 외출하고 싶어 한다.

문제 1 다음 문장을 주절과 종속절로 분석하고 종속절의 기능을 적으시오. 또한 문장의 형태(명시적 형태, 암시적 형태)를 표시하시오.

1) Anche se è piovuto molto, il livello del fiume è basso.
2) Pur telefonando in continuazione, non sono riuscito a parlare con la mia amica.
3) La squadra avversaria, pur giocando male, riuscì a ottenere la vittoria.
4) Chiunque voglia incontrarmi, deve aspettare ancora un'ora.
5) Quest'estate andrò al mare, quantunque il mio amico mi abbia suggerito la montagna.

문제 1 정답

1) Anche se è piovuto molto: 양보 종속절/ il livello del fiume è basso: 주절. 명시적 형태.
   해석: 비가 많이 내렸지만, 강의 수위는 낮다.
2) Pur telefonando in continuazione, non sono riuscito a parlare con la mia amica.
   나는 계속 전화를 했음에도 불구하고 내 여자 친구와 통화 할 수 없었다.
3) La squadra avversaria riuscì a ottenere la vittoria: 주절/ pur giocando male: 양보 종속절. 암시적 형태. 해석: 상대팀은 나쁘게 경기를 했음에도 승리를 거두는데 성공했다.
4) Chiunque voglia incontrarmi: 양보 종속절/ deve aspettare ancora un'ora: 주절. 명시적 표현.
   해석: 나를 만나고자 하는 사람은 누구든지 1시간 더 기다려야만 한다.
5) Quest'estate andrò al mare: 주절/ quantunque il mio amico mi abbia suggerito la montagna: 양보 종속절. 명시적 형태.
   해석: 비록 내 친구가 내게 산을 제안 했을 지라도 나는 이번 여름에 바다에 갈 것이다.

문제 2 다음 문장을 이탈리아어로 작문하시오.

1) 4월임에도 불구하고 날씨는 여전히 춥다.(benché 사용)
2) 네가 어떤 말을 할지라도 나는 너를 믿지 않는다.(qualunque 사용)
3) 그는 화가 났음에도 모두에게 계속 미소를 띠었다.(Sebbene 사용)

4) 비록 내가 말을 할지라도, 그들은 나를 믿지 않을 것이다.(anche se 사용)
5) Marco 는 공부를 많이 했음에도 불구하고, 시험을 잘 보지 못했다.(제룬디오 사용)

> 문제 3 정답

1) Benché sia aprile, fa ancora molto freddo.
2) Qualunque cosa tu dica, non ti credo.
3) Sebbene irritato, ha continuato a sorridere a tutti.
4) Anche se parlo, non mi crederanno.
5) Pur avendo studiato molto, Marco non ha dato bene l'esame.

3.6). 조건 종속절(Proposizioni condizionali)
조건 종속절은 필요한 전제를 나타낸다.
'조건 종속절'은 명시적 형태와 암시적 형태를 취할 수 있다.

<u>Se vengo in Italia</u>, <u>ti telefonerò</u>.
조건 종속절   **주절**
해석: 내가 이탈리아에 간다면, 네게 전화하겠다.

a) 명시적 형태: <Se+직설법 또는 접속법>, <qualora; purché; a patto che, a condizione che, nel caso in cui+접속법> 형태를 사용한다.

<u>Se lo vuoi davvero</u>, <u>ti conviene insistere</u>.
 조건 종속절   **주절**
해석: 네가 그것을 정말로 원한다면, 고집을 피우는 것이 낫다.

b) 암시적 형태: 주절의 주어와 종속절의 주어가 동일한 경우에만 가능하다.
<a+동사원형>, <제룬디오>, <분사> 형태를 취한다.

<u>A dir la verità</u>, <u>non mi sembra una buona idea</u>.
 조건 종속절   **주절**
해석: 솔직히 말한다면 내가 볼 때 좋은 생각이 아닌 것 같다.

Studiando,   potrei superare l'esame d'italiano.
조건 종속절   주절
해석: 내가 공부를 한다면 이탈리아어 시험을 통과할 수 있을 것이다.

Restaurato bene, sarebbe un bellissmo dipinto.
조건 종속절   주절
해석: 잘 복원된다면 매우 아름다운 그림이 될 것이다.

* 조건 종속절은 주절과 더불어 '가정문(il periodo ipotetico)'을 형성한다.
<가정문(il periodo ipotetico)>
'가정문'에는 '현실적 가정'과 '가능성에 대한 가정', '비현실적 가정'이 있다.

a). 명시적 형태
1) 현실적인 가정(Ipotesi reali): 조건 종속절에 표현된 가정이 사실이고, 확실하게 여겨질 경우로, 조건 종속절에는 '직설법', 주절에는 '직설법' 또는 '명령법'을 사용한다.

Se Marco studia così poco,   non può superare l'esame.
        조건 종속절   주절
해석: 그렇게 Marco가 공부를 조금하면, 시험을 통과할 수 없다.

Se vuoi venire, sbrigati.
조건 종속절   주절
해석: 네가 오길 원한다면, 서둘러라.

2) 가능성에 대한 가정(Ipotesi possibili): 조건 종속절에 표현된 가정이 매우 불확실한 가능성으로 여겨질 경우로, 종속절에는 '접속법 반과거'를 사용하고, 주절에는 '조건법 현재' 또는 '명령법'을 사용한다.

Se tornassero presto,   potremmo andare al cinema.
     조건 종속절   주절
해석: 그들이 빨리 돌아온다면, 우리는 극장에 갈 수 있을 것이다.(현재에서의 가능성)

Se venisse Luca, chiamatemi.
    조건 종속절   주절
해석: 만일에 Luca가 오면, 너희들은 나를 불러라.(현재에서의 가능성)

3) 비현실적 가정: 조건 종속절에 표현된 가정이 사실도 아니고 가능성도 아닌 것으로 여겨질 경우로, 가정이 '현재'에 관련된 경우, 조건 종속절에는 '접속법 반과거'를 사용하고, 주절에는 '조건법 현재 또는 과거'를 사용한다.

<u>Se fossi in te,</u>　<u>non farei così.</u>
　　조건 종속절　　　주절

해석: 내가 너라면, 나는 그렇게 하지 않을 것이다.(현재에서의 불가능성)

가정이 '과거'에 관련된 경우, 조건 종속절에는 '접속법 대과거'를 사용하고, 주절에는 '조건법 현재 또는 과거'를 사용한다.

<u>Se Hitler avesse vinto la guerra,</u>　<u>oggi non saremmo liberi.</u>
　　　　조건 종속절　　　　　　　　주절

해석: 만일에 히틀러가 전쟁에서 승리했다면, 오늘날 우리는 자유롭지 않을 것이다.(과거에서의 불가능성)

<u>Se avesse guidato con più prudenza,</u>　<u>non avrebbe avuto l'incidente.</u>
　　　　조건 종속절　　　　　　　　　　　주절

해석: 만일에 그가 더 조심스럽게 운전했다면, 사고가 나지 않았을 것이다.(과거에서의 불가능성)

b). 암시적 형태(Ipotesi irreali): 조건 종속절에는 '제룬디오'를 사용하고, 주절에는 명시적 형태에 사용되는 동일한 법과 시제를 사용한다. 제룬디오 외에도 과거분사 또는 전치사 a+동사원형의 형태를 취한다.

<u>Leggendo più spesso,</u>　<u>scriveresti meglio.</u>
　　조건 종속절　　　　　주절

(= Se leggessi più spesso, scriveresti meglio.)
해석: 책을 더욱 자주 읽으면, 너는 글을 더 잘 쓸 텐데.

문제 1 다음 문장을 살펴보고, 현실적인 가정인지, 가능성에 대한 가정인지, 비현실적인 가정인지 구별하시오.

1) Se vuoi, ti accompagno.
2) Se domani facesse bel tempo, andremmo a nuotare.
3) Se i gatti parlassero, il mio gatto potrebbe raccontare molte cose.
4) Se Maria aiutava un povero, era per amore.

5) Se fossi rimasto con me, l'avresti visto anche tu.

문제 1 정답

1) 현실적인 가정. 해석: 네가 원한다면 내가 너를 데려다주겠다.
2) 가능성에 대한 가정. 해석: 만일에 내일 날씨가 좋다면 수영을 하러 갈 것이다.
3) 비현실적인 가정. 해석: 만일에 고양이들이 말을 한다면, 내 고양이는 내게 많은 것을 이야기 할 수 있을 것이다.
4) 현실적인 가정. 해석: Maria가 불쌍한 사람을 도와줬다면, 그것은 사랑 때문이었다.
5) 비현실적인 가정. 해석: 네가 나와 함께 있었더라면, 너도 그를 보았을 텐테.

문제 2 다음 문장을 논리적으로 분석하고, 우리말로 해석하시오.

1) Se tu fossi rimasto, questo non sarebbe successo.
2) Se nevicasse tutta la notte, domani non potremmo uscire.
3) Continuando con questo ritmo, finirò il compito entro un'ora.
4) Gli presto la macchina a patto che me la riporti tra due ore esatte.
5) A ripetere sempre le stesse cose, tuo figlio finirà per non ascoltare più neanche i giusti consigli.

문제 2 정답

1) Se tu fossi rimasto: 조건 종속절/ questo non sarebbe successo: 주절.
   해석: 네가 남아있었더라면, 이 일은 발생하지 않았을 것이다.
2) Se nevicasse tutta la notte: 조건 종속절/ domani non potremmo uscire: 주절.
   해석: 밤새도록 눈이 온다면 내일 우리는 외출 할 수 없을 것이다.
3) Continuando con questo ritmo: 시간 종속절/ finirò il compito entro un'ora: 주절.
   해석: 이와 같은 리듬으로 계속한다면, 나는 한 시간 안에 숙제를 끝낼 것이다.
4) Gli presto la macchina: 주절/ a patto che me la riporti tra due ore esatte: 조건 종속절.
   해석: 정확히 두 시간 후에 내게 자동차를 다시 가져온다는 조건으로 나는 그에게 자동차를 빌려줬다.
5) A ripetere sempre le stesse cose: 조건 종속절/ tuo figlio finirà per non ascoltare più

neanche i giusti consigli: 주절. 해석: 동일한 것을 계속 반복한다면, 네 아들은 올바른 충고 조차도 더 이상 듣지 않을 것이다.

문제 3 다음 문장을 이탈리아어로 작문하시오.

1) 네가 나를 초대한다면, 그곳에 기꺼이 가겠다.
2) 우유가 있다면 나는 카푸치노를 만들 텐데.
3) 담배를 피우기 시작하면 더 이상 그것을 끊을 수 없다.
4) 내일 날씨가 좋으면, 나는 수영을 하러 갈 것이다.
5) Maria가 어제 외출했더라면 틀림없이 감기에 걸렸을 것이다.

문제 3 정답

1) Se mi inviti, ci vengo volentieri.
2) Se ci fosse il latte, farei un cappuccino.
3) Se comincia a fumare, non la smette più.
4) Se domani facesse bel tempo, andrei a nuotare.
5) Ieri se Maria fosse uscita, avrebbe certamente avuto il raffreddore.

3.7). 관계 종속절(Proposizioni relative)
 * 관계(상관) 종속절은 문장이 지니고 있는 정보의 가치에 따라 '본질적 관계(상관) 종속절(proposizione relativa propria)'과 '비본질적 관계(상관) 종속절proposizione relativa impropria'로 구분한다. 형용사 종속절로 별도로 구분하기도 한다.
 1) 본질적 관계(상관) 종속절: 주절에 대하여 관계(상관) 종속절이 '속사' 또는 '동격'의 가치를 지니고 있는 경우이다.

관계(상관) 종속절은 단순 절(frase semplice)에서 속사(attributi) 및 동격(apposizioni)과 동일한 역할을 한다. 즉, 관계(상관) 종속절은 주절의 의미를 더욱 완벽하고 명확하게 하는 역할을 하며, 주절과의 관계를 형성하는 관계대명사 또는 관계부사에 따라 이름을 갖는다.

Ho riflettuto a lungo su ciò che mi hai detto.
관계(상관) 종속절은 관계 대명사(che, il quale, la quale, cui..), indefiniti relativi(chi, chiunque, qualunque), 관계 부사(dove, donde, dovunque)를 통하여 주절과 연결된다.

'관계(상관) 종속절'은 명시적 형태와 암시적 형태를 취할 수 있다.

Mi piacciono i film **che divertono**: 속사의 가치(che divertono = divertenti).
해석: 나는 재미있는 영화를 좋아한다.

Paola, **che è mia cugina**, è una brava ragazza: 동격의 가치(Paola = che è mia cugina).
해석: 내 조카인 Paola는 똑똑한 소녀이다.

a) 명시적 형태: <che; il quale; la quale; cui; chi; chiunque; quanto; dove; da dove; ovunque; dovunque+직설법 혹은 접속법> 형태를 취한다. 객관적인 사실을 지시하기 위하여 '직설법'을 사용하고, 가능성, 불확실성, 가정 등을 지시하기 위해서는 '접속법' 또는 '조건법'을 사용한다.

Ho trovato dei materiali **che** potrebbero essere utili.
　　　　주절　　　　　　　　관계(상관) 종속절
해석: 나는 쓸모 있는 재료를 발견했다.

단, chiunque 다음에는 반드시 접속법을 사용해야 한다.
Parlerò con **chiunque** mi **possa** aiutare.
해석: 나는 나를 도와줄 수 있는 누구와도 대화를 할 것이다.

b) 암시적 형태: <간접 보어 역할을 하는 관계대명사+동사원형> 또는 <a; da; con+동사원형" 또는 <'현재 분사' 혹은 '과거 분사'> 형태를 취한다.

I ragazzi **partiti**(=che erano partiti) in anticipo devono aspettare gli altri.
해석: 먼저 출발한 아이들은 다른 아이들을 기다려야만 한다.

È stato Marco a **darmi**(= che mi ha dato) una mano.
해석: 나를 도와 준 것은 Marco였다.

2) 비본질적 관계(상관) 종속절: 관계(상관) 종속절이지만 다른 종속절의 기능과 의미를 지닌 종속절을 지시하며, 기능에 따라 원인, 목적, 시간, 결과, 양보, 전제(조건) 등으로 정해진다.

Maria si è avvicinata a Roberta **che**(=perché) la trattava bene.: 원인 기능
해석: Maria는 Roberta가 그녀(Maria)를 잘 대했기 때문에 그녀(Roberta)와 가까워졌다.

Luca cercava qualcuno **che**(=al fine che) lo curasse.: 목적 기능
해석: Luca는 그를 돌봐주기 위한 누군가를 찾고 있었다.

L'ho incontrato **che**(=mentre) entrava nell'ufficio.: 시간 기능
해석: 나는 그가 사무실에 들어올 때 그를 만났다.

Non c'è ragione **che**(=tale che) tu parta.: 결과 기능
해석: 네가 떠날 이유가 없다.

Marco, **che pure**(= nonostante) ha la patente da poco, è molto imprudente.: 양보 기능
해석: Marco는 운전면허증을 가진 지 조금되었음에도 매우 조심스럽지 않다.

Chi(=Se uno) lo avesse saputo, si sarebbe arrabbiato.: 전제(조건) 기능
해석: 만일에 누군가가 그 것을 알았다면, 화가 났을 것이다.

문제 1 다음 문장을 주절과 종속절로 분석하고 종속절의 기능을 적으시오. 또한 문장의 형태(명시적 형태, 암시적 형태)를 표시하시오.

1) Ho tanti amici con cui uscire.
2) Ho bisogno di alcuni scaffali su cui sistemare le mie videocassette.
3) I documentari sulla natura, che vedo spesso in TV, sono istruttivi.
4) I fiori che profumano troppo danno fastidio negli ambienti chiusi.
5) C'era una densa nebbia che non permetteva di distinguere niente.

문제 1 정답

1) Ho tanti amici: 주절/ con cui uscire: 관계 종속절. 해석: 나는 함께 외출할 친구들이 많다. 암시적 형태.
2) Ho bisogno di alcuni scaffali: 주절/ su cui sistemare le mie videocassette: 관계 종속절. 해석: 나는 내 비디오테이프를 놓아 둘 책장이 몇 개 필요하다. 명시적 형태.
3) I documentari sulla natura sono istruttivi: 주절/ che vedo spesso in TV: 관계 종속절. 해석: 내가 TV에서 종종 보는 자연에 관한 다큐멘터리는 교육적이다. 명시적 형태.
4) I fiori danno fastidio negli ambienti chiusi: 주절/ che profumano troppo: 관계 종속절.

해석: 향이 너무 많이 나는 꽃들은 폐쇄된 공간에서 귀찮음을 준다. 명시적 형태.

5) C'era una densa nebbia: 주절/ che non permetteva di distinguere niente: 관계 종속절.
해석: 아무것도 분간 할 수 없을 정도로 진한 안개가 꼈었다. 명시적 형태.

문제 2 다음 문장을 논리적으로 분석하고 비본질적 관계 종속절의 기능(원인, 목적, 시간, 등)을 명시하시오.

1) Non è uno spettacolo che vale la pena di vedere.
2) I poliziotti hanno preso i ladri che uscivano con la refurtiva.
3) Mi piace Anna che è simpatica.
4) Chiamerò Mario che mi dia una mano a riparare il computer.
5) Ho visto Anna che usciva dallo studio del dentista.

문제 2 정답

1) Non è uno spettacolo: 주절/ che vale la pena di vedere: 비본질적 관계 종속절. 결과 기능(~할 정도로). 해석: 관람할 정도로 가치 있는 공연은 아니다.
2) I poliziotti hanno preso i ladri: 주절/ che uscivano con la refurtiva: 비본질적 관계 종속절. 시간 기능(나올 때). 해석: 경찰들은 훔친 물건을 가지고 나오는 도둑들을 잡았다.
3) Mi piace Anna: 주절/ che è simpatica: 비본질적 관계 종속절. 원인 기능(마음씨가 곱기 때문에). 해석: 나는 마음씨가 고운 Anna를 좋아한다.
4) Chiamerò Mario: 주절/ che mi dia una mano a riparare il computer: 비본질적 관계 종속절. 목적 기능(나를 돕도록). 해석: 나는 컴퓨터를 수리하는데 도와줄 Mario를 부를 것이다.
5) Ho incontrato Anna: 주절/ che usciva dallo studio del dentista: 비본질적 관계 종속절. 시간 기능(나올 때). 해석: 나는 치과에서 나오는 Anna를 만났다.

문제 3 다음 문장을 이탈리아어로 작문하시오.

1) 내가 읽은 책을 네게 빌려주겠다.
2) 나는 한 가지 할 일이 있다.(전치사 da 사용)
3) 나는 Mario와 이야기 하고 있던 Anna를 보았다.
4) 나는 드디어 내가 생각하고 느끼는 모든 것을 이야기 할 여자 친구를 가졌다.

5) 센터포드는 컨디션이 매우 좋았음에도 거의 넣을 수 있었던 두 골을 넣지 못했다.

> **문제 3 정답**

1) Ti presterò il libro che ho letto.
2) Ho un lavoro da fare.
3) Ho visto Mario che parlava con Anna.
4) Ho finalmente un'amica con cui parlare di tutto quello che penso e sento.
5) Il centravanti, che è(=sebbene sia) in gran forma, ha fallito due gol quasi fatti.

3.8). 양태 종속절(Proposizioni modali)
양태 종속절은 행동이 전개되는 양태(양상, 방식)를 나타내는 것으로 절(단문)의 양태 보어와 동일한 역할을 한다. '어떻게?', '어떠한 방식으로?'에 대한 대답이다.

Ho preparato gli spaghetti   come mi hai spiegato.
　　　　주절　　　　　　　　　양태 종속절
해석: 나는 네가 내게 설명한 대로 Carlo게티를 준비했다.

'양태 종속절'은 명시적 형태와 암시적 형태를 취할 수 있다.
a) 명시적 형태: <come; secondo che; nel modo che; quasi che; come se+직설법 혹은 접속법> 형태를 취한다. 확실성을 나타낼 경우에는 직설법, 의심, 가능성, 가정 또는 비현실성을 나타낼 경우에는 접속법 혹은 조건법을 사용한다. <가정을 나타낼 경우는 조건법을 사용한다.>

Puoi dirlo   nel modo che tu preferisci.
　주절　　　　　　양태 종속절
해석: 네가 좋아하는 방식으로 너는 그것을 말할 수 있다.

b) 암시적 형태: 암시적 형태는 주절과 종속절의 주어가 동일할 경우에만 가능하다.
<con; a+동사원형> 또는 <제룬디오; 과거분사> 형태를 취한다.
제룬디오를 사용한 암시적 형태는 명시적 형태로 바꿀 수 없다.

Roberta ha detto la verità, sorridendo.
　　주절　　　　　　　　　양태 종속절

해석: Roberta는 웃으면서 진실을 말했다.

문제 1 다음 문장을 주절과 종속절로 분석하고 종속절의 기능을 적으시오. 또한 문장의 형태(명시적 형태, 암시적 형태)를 표시하시오.

1) Ho fatto come mi avevi detto.
2) Concentrandomi riesco a studiare molto in poco tempo.
3) Hai chiuso la porta come ti avevo raccomandato?
4) Tu devi seguire la dieta come ti è stata prescritta dal medico.
5) Rimasta sola, quando tutti gli ospiti se ne furono andati, trascorse il resto della giornata riordinando la casa e leggendo delle riviste.

문제 1 정답

1) Ho fatto: 주절/ come mi avevi detto: 양태 종속절.
   해석: 나는 네가 말한 대로 했다. 명시적 형태.
2) Concentrandomi: 양태 종속절/ riesco a studiare molto in poco tempo: 주절.
   해석: 집중함으로써 짧은 시간에 많이 공부를 할 수 있다.
3) Hai chiuso la porta: 주절/ come ti avevo raccomandato: 양태 종속절.
   해석: 너는 내가 네게 부탁한대로 문을 닫았니?
4) Tu seguire la dieta: 주절/ come ti è stata prescritta dal medico: 양태 종속절
   해석: 너는 의사가 처방해 준대로 다이어트를 해야 한다.
5) Rimasta sola: 양태 종속절/ Anna trascorse il resto della giornata: 주절/ riordinando la casa e leggendo delle riviste: 양태 종속절.
   해석: Anna는 혼자 남아 집을 정리하고 잡지를 읽으며 남은 하루를 보냈다.

문제 2 다음 문장을 이탈리아어로 작문하시오.

1) 도둑은 뛰어서 도망쳤다.(암시적 형태. 제룬디오 사용)
2) 내가 예상한 바와 같이 시합은 끝났다.(명시적 형태. come 사용)

3) 나는 더위 때문에 땀을 흘리며 기차로 여행을 하였다.(암시적 형태. 제룬디오 사용)
4) 나는 네 CD를 마치 내 것처럼 다룰 것이다.(명시적 형태. come se 사용)
5) 나는 네가 제안한 바와 같이 케이크용 크림을 준비했다.(명시적 형태. come 사용)

> 문제 2 정답

1) Il ladro è scappato via correndo.
2) La partita è finita come avevo previsto.
3) Ho viaggiato in treno sudando per il caldo.
4) Tratterò il tuo CD come se fosse mio.
5) Ho preparato la crema per la torta come mi avevi suggerito.

3.9). 도구 종속절(Proposizioni strumentali)
도구 종속절은 도구, 수단을 나타낸다.
단순절(frase semplice)의 수단 또는 도구보어와 같은 역할을 하며, "어떻게", "무슨 수단으로"에 대한 대답이다.

* '암시적 형태'만 존재한다.
<con+명사>, <a forza di; a furia di+동사원형>와 같은 관용구 또는 <제룬디오> 형태를 취한다.

<u>Con il viaggiare</u>　<u>si conosce il mondo.</u>
　도구 종속절　　　　　　주절
해석: 여행을 통해 세상을 안다.

<u>Studiando</u>　<u>otterrò risultati buoni.</u>
도구 종속절　　　　주절
해석: 공부함으로써 나는 좋은 결과를 얻을 것이다.

> 문제 1 다음 문장을 주절과 종속절로 분석하고 종속절의 기능을 적으시오. 또한 문장의 형태(명시적 형태, 암시적 형태)를 표시하시오.

1) L'atleta conserva la sua forma allenandosi quotidianamente.
2) Sbagliando s'impara.

3) A forza di ripeterlo, è riuscito a impararlo.
4) Si apprendono molte cose leggendo.
5) Utilizzando internet, il mondo sta diventando un villaggio globale.

문제 1 정답

1) L'atleta conserva la sua forma: 주절/ allenandosi quotidianamente: 도구 종속절.
    해석: 운동선수는 매일 훈련함으로써 자신의 몸매를 유지한다.
2) Sbagliando: 도구 종속절/ s'impara: 주절. 해석: 잘못함으로써 배운다.
3) A forza di ripeterlo: 도구 종속절/ è riuscito a impararlo: 주절.
    해석: 그것을 반복함으로써, 그는 그것을 배우는데 성공했다.
4) Si apprendono molte cose: 주절/ leggendo: 도구 종속절.
    해석: 책을 읽음으로써 많은 것을 습득한다.
5) Utilizzando internet: 도구 종속절/ il mondo sta diventando un villaggio globale: 주절.
    해석: 인터넷을 활용함으로써 세계는 거대한 마을이 되고 있다.

문제 2 다음 문장을 이탈리아어로 작문하시오.

1) 열심히 공부함으로써 나는 이탈리아어 시험을 통과할 것이다.(a forza di 사용)
2) Marco는 열심히 뛰어서 정시에 도착했다.(a forza di 사용)
3) 나는 단지 음악을 들음으로써 휴식을 취할 수 있다.(제룬디오 사용)
4) Anna는 스포츠를 많이 해서 몸이 튼튼해졌다.(제룬디오 사용)
5) 주의 깊게 경청함으로써 말하는 사람의 관점을 이해하는 게 가능하다.(제룬디오 사용)

문제 2 정답

1) A forza di studiare, supererò l'esame d'italiano.
2) Marco è arrivato in tempo a forza di correre.
3) Riesco a riposarmi solo ascoltando la musica.
4) Anna è diventata robusta facendo molto sport.
5) Ascoltando attentamente, è possibile comprendere il punto di vista di chi parla.

3.10). 비교 종속절(Proposizioni comparative)

비교 종속절은 주절에서 나타낸 것과의 비교를 나타내는 종속절이다. 단순절의 비교보어와 동일한 역할을 하며, "come", "얼마나"에 대한 대답이다.

비교 종속절에는 세 가지 종류(우등비교, 열등비교, 동등비교)가 있다.

1). 우등비교(comparativa di maggioranza)

명시적 형태와 암시적 형태를 취할 수 있다.

a) 명시적 형태: <che; di quanto; di quello che; di come+직설법 또는 접속법 또는 조건법> 형태를 취한다.

<u>Questo libro è più interessante</u>　<u>di quanto mi hai detto.</u>
　　　　주절　　　　　　　　　　우등 비교 종속절

해석: 이 책은 네가 내게 말했던 것보다 더 재미있다.

b) 암시적 형태: <più che; piuttosto che; piuttosto di+동사원형> 형태를 취한다.

<u>**Più che ballare,**</u>　amo ascoltare la musica.
우등 비교 종속절　　　　주절

해석: 나는 춤을 추는 것 보다 음악 듣는 것을 매우 좋아한다.

2). 열등비교(comparativa di minoranza)

명시적 형태만 존재한다.

명시적 형태: <che; di quanto; di quello che; di come+직설법 또는 접속법 또는 조건법> 형태를 사용한다.

<u>Questo libro costa</u>　<u>meno di quanto pensavo.</u>
　　주절　　　　　　열등 비교 종속절

해석: 이 책은 내가 생각하고 있던 것 보다 덜 비싸다.

3). 동등비교(comparativa di uguaglianza)

명시적 형태만 존재한다.

명시적 형태: <come; quanto; quale+직설법 또는 조건법> 형태를 사용한다.

Compro frutta **quanta** è necessaria.
  주절 **동등 비교 종속절**
해석: 나는 필요한 만큼 과일을 구입한다.

문제 1 다음 문장을 주절과 종속절로 분석하고 종속절의 기능을 적으시오. 또한 문장의 형태(명시적 형태, 암시적 형태)를 표시하고, 우등비교인지, 열등비교인지, 동등비교인지 명시하시오.

1) L'esercizio è molto più difficile di quanto credessi.
2) Più di quello che hai fatto, non avresti potuto fare.
3) Parlare con lui è inutile come rivolgersi al vento.
4) Il problema era più difficile di quanto pensassi.
5) I giovani riflettono meno di quanto dovrebbero.

문제 1 정답

1) L'esercizio è molto più difficile: 주절/ di quanto credessi. 우등 비교 종속절. 명시적 형태.
   해석: 연습문제는 생각했던 것보다 훨씬 더 어려웠다.
2) Più di quello che hai fatto: 우등 비교 종속절/ non avresti potuto fare: 주절. 명시적 형태.
   해석: 네가 했던 것 보다 더 이상 나는 할 수 없었을 것이다.
3) Parlare con lui è inutile: 주절/ come rivolgersi al vento: 동등 비교 종속절. 명시적 형태.
   해석: 그와 말하는 것은 바람에게 말하는 것만큼 소용이 없다.
4) Il problema era più difficile: 주절/ di quanto pensassi: 우등 비교 종속절. 명시적 형태.
   해석: 문제는 내가 생각했던 것보다 더 어려웠다.
5) I giovani riflettono meno:주절/ di ~dovrebbero: 열등 비교 종속설. 명시적 형태.
   해석: 젊은이들은 그들이 생각해야 하는 것보다 덜 생각한다.

문제 2 다음 문장을 이탈리아어로 작문하시오.

1) 겨울은 우리가 생각했던 것보다 덜 추었다.
2) 네가 나를 사랑하는 만큼 나도 너를 사랑한다.
3) 시험은 내가 예상했던 것 보다 덜 어려웠다.
4) 나는 Mario를 만나러 가기보다 집에 남아 있겠다.(Piuttosto che 사용)

5) 이것은 그들이 말했던 것처럼 아름답다.(come 사용)

문제 2 정답

1) L'inverno fu meno freddo di quanto pensassimo.
2) Ti amo tanto quanto tu mi ami.
3) L'esame è stato meno difficile di quanto avessi previsto.
4) Piuttosto che andare a incontrare Mario, rimango a casa.
5) Questo è bello come raccontavano loro.

3.11). 반대 종속절(Proposizioni avversative)
주절에서 표현된 것에 반대되는 것을 지시한다.
반대 종속절은 명시적 형태와 암시적 형태를 취할 수 있다.

<u>Dormo,</u>   **mentre dovrei studiare la matematica.**
  주절   반대 종속절
해석: 나는 수학 공부를 하는 것과 반대로 잠을 잔다.

a) 명시적 형태: <mentre; quando; invece; laddove+직설법 또는 조건법(가정)> 형태를 취한다. 실제 상황에는 직설법 형태를, 가정일 경우에는 조건법 형태를 사용한다.

<u>Lo aspettavo oggi,</u>   **mentre arriverà domani.**
    주절   반대 종속절
해석: 나는 그를 기다리고 있었으나 그는 내일 도착할 것이다.

b) 암시적 형태: 주절의 주어와 종속적의 주어가 동일한 경우에만 가능하다.
<invece di; al posto di; in luogo di; anziché+동사원형> 형태를 취한다.

<u>Esco con gli amici,</u>   **invece di studiare.**
     주절   반대 종속절
해석: 나는 공부하는 대신에 친구들과 외출한다.

* '시간'을 나타내는 mentre(~동안, ~때)와 '반대'를 나타내는 mentre(반면에)의 비교.

Marco studia **mentre** io cucino. 시간. 해석: 내가 요리를 하는 동안 Marco는 공부를 하고 있다.

Marco studia, **mentre** io cucino. 반대. 해석: Marco는 공부를 하고 있는 반면에 나는 요리하고 있다.

* '반대'를 나타내는 mentre 앞에는 콤마(,)를 삽입한다.

문제 1 다음 문장을 <u>주절과 종속절로 분석하고 종속절의 기능을 적으시오</u>. 또한 <u>문장의 형태</u>(명시적 형태, 암시적 형태)를 표시하시오.

1) Mentre tutti erano allegri, piangevo.
2) Dorme mentre dovrebbe studiare.
3) Invece di consultarmi, hai fatto tutto da solo.
4) Sono rimasto(a) a casa, anziché venire al cinema con i miei amici.
5) Tante nazioni spendono miliardi per gli armamenti nucleari, anziché utilizzare i fondi disponibili contro il cancro.

문제 1 정답

1) Mentre tutti erano allegri: 반대 종속절/ piangevo: 주절. 명시적 형태. 해석: 모두가 즐거워 하는 것과는 반대로 나는 울고 있었다.
2) Dorme: 주절/ mentre dovrebbe studiare: 반대 종속절. 명시적 형태. 해석: 그는 공부를 해야 할 텐데, 반면에 잠을 자고 있다.
3) Invece di consultarmi: 반대 종속절/ hai fatto tutto da solo: 주절. 암시적 형태. 해석: 너는 나에게 조언을 구하지 않고, 혼자서 모든 것을 했다.
4) Sono rimasto(a) a casa: 주절/ anziché venire al cinema con i miei amici: 반대 종속절. 암시적 형태. 해석: 나는 친구들과 영화를 보러 가는 대신에 집에 남아 있었다.
5) Tante nazioni spendono miliardi per gli armamenti nucleari: 주절/ anziché utilizzare i fondi disponibili contro il cancro: 반대 종속절. 암시적 형태. 해석: 많은 국가들이 암을 이기는데 필요한 자금을 사용하는 것보다 핵무장을 하기 위해 엄청난 돈을 사용하고 있다.

문제 2 다음 문장을 이탈리아어로 작문하시오.

1) 모두가 공부하는 것과는 반대로 너는 놀고 있다.(mentre 사용)
2) 밀라노에는 비가 오는데, 반면에 로마는 날씨가 좋다.(mentre 사용)
3) 도와주는 것과는 반대로 Mario는 나로 하여금 시간을 낭비하게 한다.(invece di 사용)
4) 숙제를 하는 것과는 반대로 그는 TV를 보고 있었다.(invece di 사용)
5) 교수님이 설명하는 동안 몇몇 학생은 수업을 듣는 반면에 그들끼리 잡담을 하고 있었다.(Mentre 사용)

문제 2 정답

1) Mentre tutti studiano tu giochi.
2) A Milano piove, mentre a Roma fa bel tempo.
3) Invece di aiutare, Mario mi fa perdere tempo.
4) Invece di fare i compiti, guardava la TV.
5) Mentre il professore spiegava, alcuni studenti chiacchieravano tra loro invece di seguire la lezione.

3.12). 제외 종속절(Proposizioni esclusive)

주절에서 말하는 내용에서 제외되는 사실 혹은 행위를 나타낸다.

단순절(frase semplice)에서의 제외 보어와 동일한 기능을 하며, "무엇 없이(senza che)?"에 대한 답변이다. 부정 의미의 제외절은 양보의 의미를 나타낼 수 있다.

제외 종속절은 두 가지 형태를 취할 수 있다.

a) 명시적 형태: <senza che+접속법> 형태를 취한다.

<u>Lo farò</u> <u>senza che nessuno se ne accorga.</u>
주절   제외 종속절

해석: 아무도 그것을 알아채지 못하도록 나는 그것을 할 것이다.

b) 암시적 형태: <senza+동사원형> 혹은 <non+제룬디오> 형태를 취한다. 암시적 형태는 주절과 종속절의 주어가 동일할 경우에만 가능하다.

Mi ha parlato **non guardandomi** mai negli occhi.
주절   제외 종속절

해석: 그는 내 눈을 전혀 바라보지 않고 내게 말했다.

문제 1 다음 문장을 주절과 종속절로 분석하고 종속절의 기능을 적으시오. 또한 문장의 형태(명시적 형태, 암시적 형태)를 표시하시오.

1) Maria è andata via senza salutare nessuno.
2) Non si può andare a pesca senza mangiare.
3) I bambini ascoltavano la fiaba senza che nessuno fiatasse.
4) Se ne è andato senza che nessuno se ne accorgesse.
5) I guerrieri greci uscirono dal famoso cavallo di legno senza che nessuno dei Troiani se ne accorgesse.

문제 1 정답

1) Maria è andata via: 주절/ senza salutare nessuno: 제외 종속절. 암시적 형태.
   해석: Maria는 아무에게도 인사도 없이 가버렸다.
2) Non si può andare a pesca: 주절/ senza mangiare: 제외 종속절. 암시적 형태)
3) I bambini ascoltavano la fiaba: 주절/ senza che nessuno fiatasse: 제외 종속절. 명시적 형태.
   해석: 아무도 숨을 쉬지 않고 아이들은 동화를 듣고 있었다.
4) Se ne è andato: 주절/ senza che nessuno se ne accorgesse: 제외 종속절. 명시적 형태.
   해석: 그는 아무도 알아채지 못하게 떠났다.
5) I guerrieri greci uscirono dal famoso cavallo di legno: 주절/ senza che nessuno dei Troiani se ne accorgesse: 제외 종속절. 명시적 형태.
   해석: 그리스 병사들은 트로이 병사들이 전혀 모르게 유명한 나무 말(馬)에서 나왔다.

문제 2 다음 문장을 이탈리아어로 작문하시오.

1) 나는 생각 없이 말했다.(senza 사용)
2) 그는 한 마디 말도 없이 앉았다. (senza 사용)
3) Mario는 내가 알지 못하게 외출했다.(senza che 사용)

4) Anna는 전화조차도 없이 갑자기 도착했다.(senza 사용)
5) 어느 누구도 그들을 초대하지 않았으나 그들은 파티에 나타났다.(senza che 사용)

> 문제 2 정답

1) Ho parlato senza riflettere.
2) Si è seduto senza dire una parola.
3) Mario è uscito senza che io lo sapessi.
4) Anna è arrivata improvvisamente senza neanche telefonare.
5) Si sono presentati alla festa, senza che nessuno li avesse invitati.

3.13). 예외 종속절(Proposizioni eccettuative)
예외 종속절은 주절에서 말한 것과 비교하여 예외적인 것을 나타낸다.
명시적 형태 혹은 암시적 형태를 취할 수 있다.

Le due case sono uguali, tranne che questa ha un balcone.
       주절   예외 종속절
해석: 이 집이 발코니를 가진 것을 제외하고, 이 두 집은 동일하다.

a) 명시적 형태: <tranne che; eccetto che; salvo che; fuorché; sennonché; a meno che non+직설법 또는 접속법> 형태를 사용한다. 실제적인 예외에는 직설법 형태를, 가능성, 가정의 예외에는 접속법 형태를 사용한다.

Domani andrò al mare, a meno che non piova.
    주절   예외 종속절
해석: 비가 오지 않는 한 나는 내일 바다에 갈 것이다.

b) 암시적 형태: <tranne che; eccetto che; salvo che; fuorché; sennonché; a meno che non+동사원형> 형태를 취한다.

Faceva tutto fuorché rubare.
 주절   예외 종속절
해석: 그는 도둑질 하는 것을 빼고 모든 일을 했다.

문제 1 다음 문장을 주절과 종속절로 분석하고 종속절의 기능을 적으시오. 또한 문장의 형태(명시적 형태, 암시적 형태)를 표시하시오.

1) Collaboro volentieri, eccetto che fare il capoclasse.
2) Egli sarà condannato, salvo che dimostri la sua innocenza.
3) Sulla luna non si può vivere, a meno di non essere extraterrestri.
4) La povera madre tutto immaginava, tranne che suo figlio si drogasse.
5) Rifiuterò quell'incarico, a meno che non mi assicuri la tua collaborazione.

문제 1 정답

1) Collaboro volentieri: 주절/ eccetto che fare il capoclasse. 예외 종속절. 암시적 형태.
   해석: 나는 반장하는 것 말고 기꺼이 협조한다.
2) Egli sarà condannato: 주절/ salvo che dimostri la sua innocenza: 예외 종속절. 명시적 형태.
   해석: 그는 자신의 무죄를 보여주지 못하고 선고를 받을 것이다.
3) Sulla luna non si può vivere: 주절/ a meno di non essere extraterrestri: 예외 종속절. 암시적 형태.
   해석: 외계인 말고 누구도 달에서 살 수 없다.
4) La povera madre tutto immaginava: 주절/ tranne che suo figlio si drogasse: 예외 종속절. 명시적 형태.
   해석: 그 가련한 어머니는 자신의 아들이 마약하는 것 말고 모든 것을 상상했다.
5) Rifiuterò quell'incarico: 주절/ a meno che non mi assicuri la tua collaborazione: 예외 종속절. 명시적 형태.
   해석: 네가 나에게 너의 협조를 확신하는 경우를 제외하고 나는 그 임무를 거절할 것이다.

문제 2 다음 문장을 이탈리아어로 작문하시오.

1) 개는 고양이를 볼 때를 제외하고 조용하다.(fuorché 사용)
2) Anna는 기차를 놓치지 않는 한 올 것이다.(salvo che 사용)
3) 주인이 너무 많은 월세를 요구하는 것 말고 집은 넓다.(salvo che 사용)
4) 나는 영화 보는 것 말고 텔레비전에서 다른 것은 보지 않는다.(tranne che 사용)
5) 그는 그들과 함께 비행기로 여행하는 것을 제외하고 우리의 모든 제안을 받아들였다.(fuorché

사용)

문제 2 정답

1) Il cane è tranquillo, fuorché quando vede il gatto.
2) Anna verrà, salvo che abbia perso il treno.
3) La casa è spaziosa, salvo che il padrone chiede un affitto troppo alto.
4) Tranne che vedere film, in TV non seguo altro.
5) Ha accettato tutte le nostre proposte, fuorché viaggiare con loro in aereo.

3.14). 제한 종속절(Proposizioni limitative o restrittive)
주절에서 말한 것에 대한 제한을 나타내며, 단순절에서의 제한 보어와 동일한 역할을 한다.
제한 종속절에는 명시적 형태와 암시적 형태가 있다.

a) 명시적 형태: <per quanto; a quanto; per quello che; secondo quanto; secondo quello che+ 직설법> 형태 혹은 <che+접속법> 형태를 취한다.

<u>Che io sappia,</u>　non lavora più qui.
　제한 종속절　　　　주절
해석: 내가 아는 한, 그는 이곳에서 더 이상 일하지 않는다.

b) 암시적 형태: <in quanto a; quanto a; a; per+동사원형> 형태를 취한다.
<u>Quanto a cantare,</u>　Mario è un vero genio.
　제한 종속절　　　　주절
해석: 노래하는 것에 관한 한, Mario는 진정한 천재이다.

문제 1　다음 문장을 주절과 종속절로 분석하고 종속절의 기능을 적으시오. 또한 문장의 형태(명시적 형태, 암시적 형태)를 표시하시오.

1) Per quanto io so, Anna studia molto.
2) Quanto a preparare gli spaghetti. ci pensa Maria.
3) Secondo quanto dicono i giornali, il primo ministro si dimetterà.
4) Da giovane, per quanto mi hanno raccontato, Mario aveva una forza incredibile.

5) Secondo quello che riferiscono i giornali, le tensioni tra israeliani e palestinesi, anziché ridursi, rischiano di inasprirsi.

문제 1 정답

1) Per quanto io so: 제한 종속절/ Anna studia molto: 주절. 명시적 형태.
   해석: 내가 아는 한 Anna는 공부를 많이 한다.
2) Quanto a preparare gli spaghetti: 제한 종속절/ ci pensa Maria: 주절. 암시적 형태.
   해석: 스파게티를 준비하는 것에 관해서는 Maria가 알아서 할 것이다.
3) Secondo quanto dicono i giornali: 제한 종속절/ il primo ministro si dimetterà: 주절. 명시적 형태. 해석: 신문들이 말하는 것에 따르면, 국무총리는 사임할 것이다.
4) Da giovane: 시간 종속절/ Mario aveva una forza incredibile: 주절/ per quanto mi hanno raccontato: 제한 종속절. 명시적 형태. 해석: 그들이 내게 말한 것에 따르면 Mario는 젊을 때부터 엄청난 힘을 지니고 있었다.
5) Secondo quello che riferiscono i giornali: 제한 종속절/ le tensioni tra israeliani e palestinesi rischiano di inasprirsi: 주절/ anziché ridursi: 반대 종속절. 명시적 형태.
   해석: 신문들이 말하는 것에 따르면 이스라엘 사람들과 팔레스타인 사람들 사이의 긴장은 누그러지는 것과는 반대로 고조될 위험에 처해있다.

문제 2 다음 문장을 이탈리아어로 작문하시오.

1) 내가 아는 한, Mario는 네게 전화를 하지 않았다.(che 사용)
2) 세차하는 것에 관한 한, 내가 알아서 하겠다.(quanto a 사용)
3) 바보 같은 말을 하는 것에 관한 한, 아무도 그를 이길 수 없다.(in quanto a 사용)
4) 내가 아는 한, 일은 끝나지 않았다.(per quello che 사용)
5) 말로만이라면, 모든 것은 쉽다.(a 사용)

문제 2 정답

1) Mario non ti ha telefonato, che io sappia.
2) Quanto a lavare l'auto, ci penso io.
3) In quanto a dire sciocchezze, non lo batte nessuno.

4) Per quello che so, il lavoro non è finito.
5) Questo è facile solo a dirsi.

3.15). 첨가 종속절(Proposizioni aggiuntive)
주절에서 언급한 것에 대해 부가적인 것을 첨부한다.
명시적 형태와 암시적 형태가 있다.

a) 명시적 형태: <oltre al fatto che; oltre che+직설법> 형태 혹은 <oltre+(essere)+명사; 형용사; 과거분사> 형태를 취한다. 현대 이탈리아어에서는 거의 사용되지 않고 있다.

<u>Oltre al fatto che beve troppo,</u>　<u>Marco fuma anche molto.</u>
　　　첨가 종속절　　　　　　　　　　주절
해석: Marco는 술을 너무 많이 마시는 것 말고도 담배도 많이 피운다.

b) 암시적 형태: <oltre che(oltreché); oltre a+동사원형> 형태를 취한다.

<u>Oltre a lavorare tutto il giorno,</u>　<u>Anna deve studiare tutta la notte.</u>
　　　첨가 종속절　　　　　　　　　　주절
해석: Anna는 온 종일 일하는 것 말고도 밤새도록 공부를 해야만 한다.

문제 1 다음 문장을 주절과 종속절로 분석하고 종속절의 기능을 적으시오. 또한 문장의 형태(명시적 형태, 암시적 형태)를 표시하시오.

1) Oltre che medico, è anche laureato in lingue straniere.
2) Oltre a essere simpatica, la mia amica è anche intelligente.
3) Oltre al fatto che sei in ritardo, mi hai fatto perdere l'autobus.
4) Oltre a essere un grande scrittore, Beppe Fenoglio è anche un bravo scrittore.
5) Oltre che occuparsi personalmente di ogni cosa, Mario dovrebbe pagare tutte le tasse.

문제 1 정답

1) Oltre che medico: 첨가 종속절/ Mario è anche laureato in lingue straniere: 주절. 명시적 형태. 해석: Mario는 의사일 뿐만 아니라 외국어학부를 졸업하기도 했다.

2) Oltre a essere simpatica: 첨가 종속절/ la mia amica è anche intelligente: 주절. 암시적 형태. 해석: 내 여자 친구는 지적인 것 말고도 마음씨가 좋다.
3) Oltre al fatto che sei in ritardo: 첨가 종속절/ mi hai fatto perdere l'autobus: 주절. 명시적 형태. 해석: 너는 지각한 것 말고도 내가 비행기를 놓치게 했다.
4) Oltre a essere un grande scrittore: 첨가 종속적/ Beppe Fenoglio è anche un bravo scrittore: 주절. 암시적 형태.
해석: Beppe Fengolio는 위대한 작가일 뿐만 아니라 훌륭한 번역가이기도 하다.
5) Oltre che occuparsi personalmente di ogni cosa: 첨가 종속절/ Mario deve pagare tutte le tasse: 주절. 암시적 형태.
해석: Mario는 모든 것을 개인적으로 담당할 뿐만 아니라 모든 세금도 지불해야 한다.

문제 2 다음 문장을 이탈리아어로 작문하시오.

1) Anna는 일을 할 뿐만 아니라 대학에도 다닌다.(oltre a 사용)
2) 내 어머니는 사무실에서 하루 종일 일할 뿐만 아니라, 집에서도 많은 일을 하신다.(oltre che 사용)
3) 너는 휴식을 취하는 것 외에도(휴식을 취해야 할 뿐 만 아니라), 다이어트를 해야만 한다.
4) Anna는 학교에 다니는 것 외에(학교에 다닐 뿐만 아니라), 음악 전문학교에도 다닌다.
5) 그는 내게 인사를 한 것 외에도(인사를 했을 뿐만 아니라), 내게 편지를 전달했다.

문제 2 정답

1) Oltre a lavorare, Anna frequenta l'università.
2) Mia madre, oltre che lavorare in ufficio tutto il giorno, fa anche tanto lavoro a casa.
3) Oltre al riposare, devi fare la dieta.
4) Oltre a frequentare la scuola, Anna va anche al conservatorio.
5) Oltre a salutarmi, mi ha consegnato una lettera.

3 법과 시제의 일치
(Concordanza dei modi e dei tempi)

(1). 직설법에서의 시제일치(Concordanza dei tempi del modo indicativo)

1.1). 주절의 동사가 직설법 현재일 때.

a) 주절의 동사가 직설법 현재일 때, **종속절이 선행성**, 즉, 주절의 행위 이전에 발생한 것을 나타내는 경우, **종속절에는 직설법 근과거, 직설법 원과거, 직설법 반과거, stare의 직설법 반과거+제룬디오** 형태를 사용한다.

Roberto <u>dice</u> che lui <u>ha studiato(studiò/studiava/stava studiando)</u> l'italiano.
해석: Roberto는 이탈리아어를 공부했다고(공부했다고/공부하고 있었다고/공부하고 있던 중이었다고) 말한다.

* Roberto가 말하는 시점은 현재(dice)이며, 이탈리아어를 공부했던 시점은 과거(ha studiato/studiò/studiava/stava studiando)이다.

b) 주절의 동사가 직설법 현재일 때, **종속절이 동시성**, 즉, 주절의 행위와 동시에 발생한 것을 나타내는 경우, **종속절에는 직설법 현재 또는 stare의 직설법 현재+제룬디오** 형태를 사용한다.

Roberto <u>dice</u> che lui <u>studia(sta studiando)</u> l'italiano.
해석: Roberto는 이탈리아어를 공부한다고(공부하는 중이라고) 말한다.

* Roberto가 말하는 시점도 현재(dice)이며, 이탈리아어를 공부하는 시점도 현재(studia/sta studiando)이다.

c) 주절의 동사가 직설법 현재일 때, **종속절이 후행성**, 즉, 주절의 행위 이후에 발생한 것을 나타내는 경우, **종속절에는 직설법 현재 혹은 직설법 미래** 형태를 사용한다.

Roberto <u>dice</u> che lui <u>studia(studierà)</u> l'italiano.

해석: Roberto는 이탈리아어를 공부할 것이라고 말한다.

* Roberto가 말하는 시점은 현재(dice)이며, 이탈리아어를 공부하려는 것은 말하는 시점보다 더 이후(studia/studierà)이다.

1.2). 주절의 동사가 직설법 과거(근과거, 원과거, 반과거, 대과거)일 때.

a) 주절의 동사가 직설법 과거(근과거, 원과거, 반과거, 대과거)일 때, **종속절이 선행성**, 즉, 주절의 행위 이전에 발생한 것을 나타내는 경우, **종속절에는 직설법 대과거** 형태를 사용한다.

Roberto <u>diceva</u> che lui <u>aveva studiato</u> l'italiano.
해석: Roberto는 이탈리아어를 공부했었다고 말했다.

b) 주절의 동사가 직설법 과거(근과거, 원과거, 반과거, 대과거)일 때, **종속절이 동시성**, 즉, 주절의 행위와 동시에 발생한 것을 나타내는 경우, **종속절에는 직설법 반과거 또는 stare의 직설법 반과거 +제룬디오** 형태를 사용한다.

Roberto <u>diceva</u> che lui <u>studiava(stava studiando)</u> l'italiano.
해석: Roberto는 이탈리아어를 공부하고 있었다고(공부하고 있던 중이었다고) 말했다.

c) 주절의 동사가 직설법 과거(근과거, 원과거, 반과거, 대과거)일 때, **종속절이 후행성**, 즉, 주절의 행위 이후에 발생한 것을 나타내는 경우, **종속절에는 조건법 과거(혹은 직설법 반과거)** 형태를 사용한다.

Roberto <u>diceva</u> che lui <u>avrebbe studiato(studiava)</u> l'italiano.
해석: Roberto는 이탈리아어를 공부했었을 것이라고 말했다.

1.3). 주절의 동사가 직설법 미래일 때.

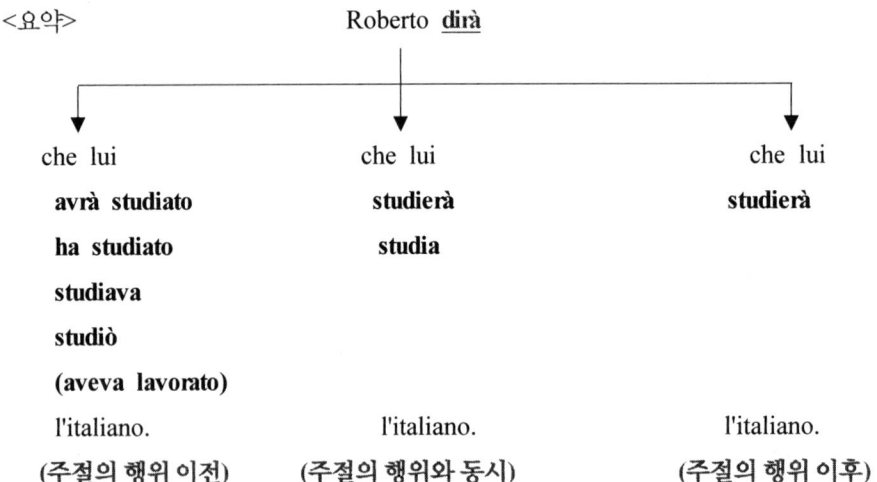

* 주의 사항
a) 주절이 과거라도 종속절이 확실한 미래일 경우에는 미래형 사용한다.
   Roberto **ha detto** che **domani partirà** per Roma.
   해석: Roberto는 내일 로마로 떠날 것이라고 말했다.
b) Roberto **ha detto** che sua moglie **è** di Milano.
   해석: Roberto는 그의 아내가 밀라노 출신이라고 말했다.
   Mio padre mi **ha insegnato** che bisogna **essere** onesti.

해석: 내 아버지는 정직할 필요가 있다고 나를 가르쳤다.
(주절이 과거라도 종속절이 사실 또는 변하지 않는 상황을 지시할 경우 현재형 사용)

(2). 접속법에서의 시제일치(Concordanza dei tempi del modo congiuntivo)

2.1). 주절의 동사가 직설법 현재일 때.

a) 주절의 동사가 직설법 현재일 때, **종속절이 선행성**, 즉, 주절의 행위 이전에 발생한 것을 나타내는 경우, **종속절에는 접속법 과거** 형태를 사용한다.

Roberto pensa che Maria **abbia studiato** l'italiano.
해석: Roberto는 Maria가 이탈리아어를 공부했었다고 생각한다.

b) 주절의 동사가 직설법 현재일 때, **종속절이 동시성**, 즉, 주절의 행위와 동시에 발생한 것을 나타내는 경우, **종속절에는 접속법 현재 또는 stare의 접속법 현재+제룬디오** 형태를 사용한다.

Roberto pensa che Maria **studi(stia studiando)** l'italiano.
해석: Roberto는 Maria가 이탈리아어를 공부한다고(공부하고 있는 중이라고) 생각한다.

c) 주절의 동사가 직설법 현재일 때, **종속절이 후행성**, 즉, 주절의 행위 이후에 발생한 것을 나타내는 경우, **종속절에는 접속법 현재 혹은 직설법 미래** 형태를 사용한다.

Roberto pensa che Maria **studi(studierà)** l'italiano.
해석: Roberto는 Maria가 이탈리아어를 공부한다고(공부할 것이라고) 생각한다.

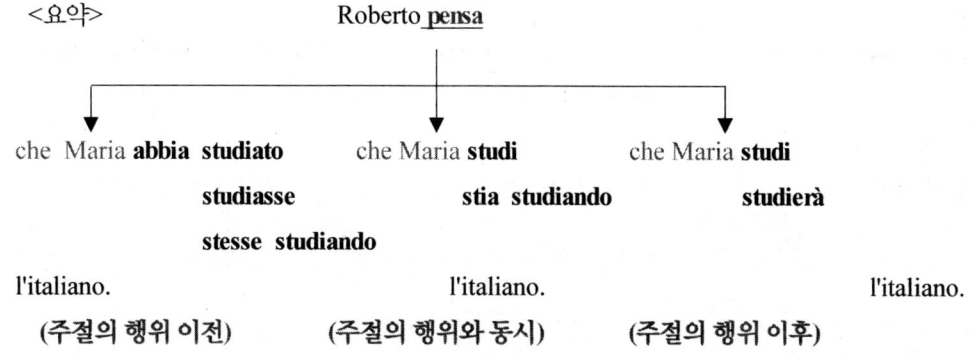

2.2). 주절의 동사가 직설법 과거일 때.

a) 주절의 동사가 직설법 과거(근과거, 원과거, 반과거, 대과거)일 때, 종속절이 선행성, 즉, 주절의 행위 이전에 발생한 것을 나타내는 경우, 종속절에는 접속법 대과거 형태를 사용한다.

Roberto pensava che Maria avesse studiato l'italiano.
해석: Roberto는 Maria가 이탈리아어를 공부했었다고 생각했다.

b) 주절의 동사가 직설법 과거(근과거, 원과거, 반과거, 대과거)일 때, **종속절이 동시성**, 즉, 주절의 행위와 동시에 발생한 것을 나타내는 경우, **종속절에는 접속법 반과거 또는 stare의 접속법 반과거 + 제룬디오** 형태를 사용한다.

Roberto pensava che Maria studiasse(stesse studiando) l'italiano.
해석: Roberto는 Maria가 이탈리아어를 공부했다고(공부하고 있던 중이었다고) 생각했다.

c) 주절의 동사가 직설법 과거(근과거, 원과거, 반과거, 대과거)일 때, **종속절이 후행성**, 즉, 주절의 행위 이후에 발생한 것을 나타내는 경우, **종속절에는 조건법 과거(혹은 접속법 반과거)** 형태를 사용한다.

Roberto pensava che Maria avrebbe studiato l'italiano.
해석: Roberto는 Maria가 이탈리아어를 공부할 것이라고 생각했다.

<요약>

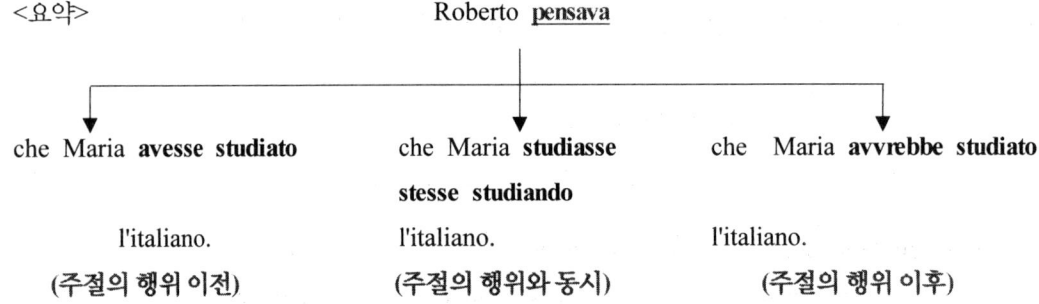

2.3). 주절의 동사가 직설법 미래일 때.

<요약> Roberto **penserà**

che Maria **abbia studiato** che Maria **studi** che Maria **studi**
   avrà studiato   **studierà**   **studierà**
   l'italiano.   l'italiano.   l'italiano.
(주절의 행위 이전)   (주절의 행위와 동시)   (주절의 행위 이후)

* 주의 사항
a). 주절이 조건법 현재일 경우
Vorrei che tu **dicessi** la verità.(종속절-주절의 행위와 동시)
             avessi detto la verità.(종속절-주절의 행위 이전)
             dicessi la verità.(종속절-주절의 행위 이후)
해석: 나는 네가 진실을 말하기를 원한다.

b). 주절이 조건법 과거일 경우
Avrei voluto che tu **avessi detto** la verità.(종속절-주절의 행위 이전)
                dicessi la verità.(종속절-주절의 행위와 동시)
                dicessi la verità.(종속절-주절의 행위 이후)
해석: 나는 네가 진실을 말했기를 원했다.

3). 주절이 조건법 일지라도 dire, pensare 동사를 사용하는 경우, 종속절에는 접속법 현재 또는 접속법 과거를 사용한다.
Direi che tu **dica** la verità.
해석: 나는 네가 진실을 말하기를 원한다.

Direi che tu **abbia detto** la verità.
해석: 나는 네가 진실을 말했기를 원했다.

4). 주절이 Non so로 시작할 경우 접속사는 se이다. **Non so che~는 사용할 수 없다.**
Non so se lui possa arrivare in tempo.
해석: 나는 그가 제 시간에 도착할 수 있을지 모르겠다.

5). **Magari + 접속법 반과거**: ~를 희망한다.

Magari fossi ricco! (= Vorrei essere ricco.)
해석: 내가 부자라면!

Magari facesse bel tempo domani!(= Spero che domani faccia bel tempo.)
해석: 내일 날씨가 좋다면!

Magari potessi venire con te! (= Spero di venire con te.)
해석: 너와 함께 갈 수 있다면!

수고하셨습니다./

Nota